BREVE HISTORIA SOBRE LA REINA ISABEL II

Deber, diplomacia y décadas en el trono: Navegando un mundo cambiante

---

SCOTT MATTHEWS

Derechos de autor © 2024

Todos los derechos reservados. Ninguna parte de esta publicación puede ser reproducida, distribuida o transmitida de ninguna forma ni bajo ningún medio, incluyendo fotocopias, grabaciones u otros métodos electrónicos o mecánicos, sin el permiso previo por escrito del editor, excepto en el caso de citas breves incluidas en reseñas críticas y otros usos no comerciales permitidos por la ley de derechos de autor.

En este libro aparecen nombres de marcas comerciales. En lugar de utilizar un símbolo de marca comercial cada vez que aparece un nombre de marca comercial, los nombres se utilizan de forma editorial, sin intención de infringir la marca comercial del propietario respectivo. La información de este libro se distribuye "tal cual", sin garantía. Aunque se han tomado todas las precauciones necesarias en la preparación de esta obra, ni el autor ni el editor tendrán responsabilidad alguna ante ninguna persona o entidad con respecto a cualquier pérdida o daño causado o supuestamente causado directa o indirectamente por la información contenida en este libro.

Índice

Introducción — vii

Parte I
Una princesa se prepara
(1926-1952)

Una infancia al descubierto — 3
El deber en tiempos de guerra — 8
Un romance real — 12
El destino llama — 16

Parte II
Un reinado invisible
(1952-1970)

Aprendiendo el oficio en una Gran Bretaña posguerra — 21
La Mancomunidad de Naciones — 25
Asuntos familiares — 30
Los movidos años sesenta — 34

Parte III
Una corona firme
(1971-2002)

Conflicto norirlandés y más allá — 41
Jubileo de Plata y pérdidas personales — 45
Mareas cambiantes y modernización — 49

Parte IV
Jubileo de Oro y más allá
(2002-2022)

Momentos memorables — 61
La monarquía moderna y transiciones familiares — 67
Jubileo de Platino y despedida — 72
Imagen pública e impacto — 75

Epílogo: Una Reina para el recuerdo	81
Datos curiosos sobre la vida personal y pública	85

"Tienen que verme para creer."

- Reina Isabel II

Introducción

En la historia moderna, pocas figuras se destacan tan vívidamente o inspiran tanto respeto como la Reina Isabel II. Símbolo de continuidad en una era de cambios, su reinado abarcó más de siete décadas, un período marcado por transformaciones profundas tanto en el Reino Unido como en todo el mundo. *Breve historia sobre la Reina Isabel II* lo embarcará en una exploración de la vida y el legado de una de las monarcas más icónicas del mundo, una mujer que llevó la corona con gracia, resistencia y un sentido del deber sin igual.

Desde las bulliciosas calles de una Gran Bretaña posguerra hasta el escenario global de la era digital, este libro cubre el viaje de una joven princesa que ascendió al trono a una edad temprana y creció para convertirse en la matriarca no solo de una nación, sino de toda la Mancomunidad de Naciones. Una historia de sacrificios personales, servicio público y el sutil arte de la diplomacia, que manejó con el toque de una madre y la agudeza de una estadista.

No obstante, más allá del esplendor de los eventos sociales y de los asuntos de Estado, el reinado de Isabel II estuvo marcado por momentos de profunda humanidad con su humor tranquilo, su amor por su familia y su conexión con personas de cualquier condición. Estos momentos, a menudo pasados por alto, son los que realmente la definieron como una monarca para la eternidad.

Al desentrañar las capas de su extraordinaria vida, los invito a un viaje no solo a través de los libros de historia, sino al corazón de una reina que, al unir tradición y progreso, se convirtió en una leyenda por derecho propio. A través de momentos decisivos y anécdotas personales, este libro busca capturar la esencia del reinado de la Reina Isabel II, ofreciendo una visión única de la vida de una mujer que, al guiar a la monarquía hacia el siglo XXI, dejó un legado tan perdurable como la corona que llevó con tanta dignidad.

Así pues, tanto si es un entusiasta de la realeza, un aficionado a la historia o simplemente le intrigue la historia de una extraordinaria vida vivida al frente de una de las instituciones más antiguas del mundo como lo es la Monarquía británica, *Breve historia sobre la Reina Isabel II* promete un viaje cautivador a través de la vida de una reina que no fue solo un símbolo, sino un faro de estabilidad, compasión e inspiración para generaciones. Pasemos las páginas y descubramos juntos a la mujer detrás de la corona, cuyo legado resonará sin duda a lo largo de las páginas de la historia.

PARTE I
Una princesa se prepara

(1926-1952)

Una infancia al descubierto

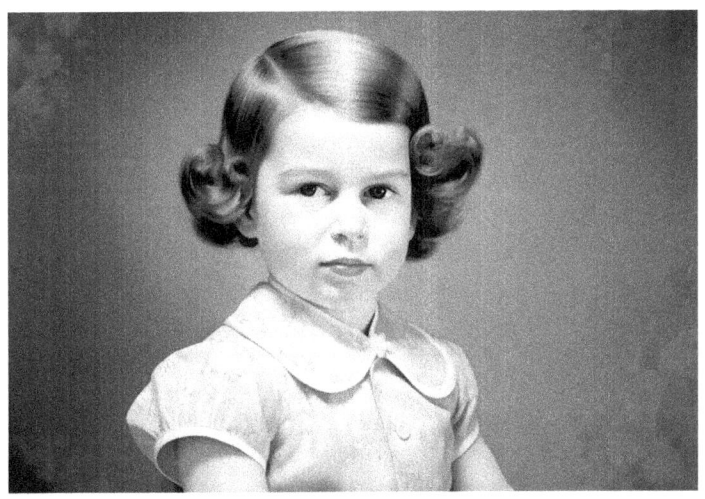

El 21 de abril de 1926, a las 2:40 am, nació una niña de los Duques de York, luego conocidos como el Rey Jorge VI y la Reina Isabel, en el corazón de Londres. El alegre evento tuvo lugar en su hogar en la Calle Bruton #17.

Llamaron a su hija Isabel Alejandra María, en homenaje a tres generaciones de mujeres en su familia: "Isabel" por su madre, la Duquesa de York; "Alejandra" por su bisabuela, la Reina Alejandra; y "María" en honor a su abuela, la Reina María.

Su nacimiento fue lo suficientemente importante como para que asistiera el Ministro del Interior, siguiendo una tradición que la misma Reina Isabel eliminaría más tarde.

Debido a la preocupación por las multitudes ocasionadas por la huelga general,[1] a menudo sacaban a la pequeña Isabel por una salida trasera para sus paseos diarios y así mantener la discreción.

En sus primeros años, la Princesa Isabel vivió en la calle Piccadilly #145, una residencia en Londres seleccionada por sus padres poco después de su nacimiento, y en White Lodge en Richmond Park. También pasó tiempo en las casas de sus abuelos maternos, el Conde y la Condesa de Strathmore, incluyendo el Castillo de Glamis en Escocia y St. Paul's Walden Bury en Hertfordshire. Además, frecuentaba las casas de sus abuelos paternos, el Rey Jorge V y la Reina María, así como el Castillo de Windsor, el Castillo de Balmoral y la Casa de Sandringham.

Con solo catorce meses de edad, la Princesa hizo su debut en el balcón del Palacio de Buckingham, acunada por su madre y su abuela, la Reina María. Esta ocasión fue memorable ya que fue la primera instancia pública en que se vio a la Reina María cargando a un niño.

A la edad de seis años, la pequeña Isabel se convirtió en la propietaria más joven de Gran Bretaña al recibir un regalo singular de los habitantes de Gales: una pequeña casa (conocida como casa Wendy) ubicada en los terrenos del Royal Lodge de Windsor. Esta pintoresca casa fue llamada

---

1. La huelga general en el Reino Unido de 1926 fue una importante acción industrial que duró nueve días, del 3 al 12 de mayo. Fue convocada por el "Trades Union Congress" (TUC) en un intento por evitar las reducciones salariales y el deterioro de las condiciones de trabajo de los mineros del carbón, pero rápidamente se amplió para incluir a trabajadores de muchas otras industrias. La huelga se considera uno de los mayores actos de acción colectiva de la historia británica, con la participación de más de 1,5 millones de trabajadores de diversos sectores como el transporte, la siderurgia, la imprenta, entre otros.

"Y Bwthyn Bach", (que se traduce como "la pequeña cabaña" en español).

Mientras crecía, Isabel mantuvo un vínculo cercano con su hermana menor, la Princesa Margarita, quien nació en 1930. Nacidas con una diferencia de cuatro años, ambas compartieron un mundo lleno de risas, juegos y desafíos únicos de la vida real. El vínculo entre ellas no era solo de hermanas, sino de mejores amigas, una relación que resistiría la prueba del tiempo y el peso de las coronas.

La educación de Isabel fue poco convencional. No asistió a una escuela como otros niños y fue educada en casa junto con su hermana, como muchos niños de familias adineradas de la época. Sus estudios incluyeron historia, idiomas, literatura y música, y fueron supervisados por su madre y su institutriz, Marion Crawford (Crawfie).

Crawfie, como la llamaban cariñosamente, se propuso introducir a las niñas a la vida real, más allá de la "cortina de cristal", al hacerlas interactuar con la gente local durante sus salidas alrededor de Balmoral. A pesar de estar en sus veinte años, Crawfie fue elegida por su vigor juvenil, en contraste con los parientes mayores con los que creció el Duque de York. El Duque apreciaba la capacidad de Crawfie para participar activamente en el tiempo de juego de sus hijas.

Lejos de la educación formal, la pasión de Isabel por los caballos floreció a la tierna edad de tres años, fomentada por paseos con su padre a través de las propiedades de la realeza. Además, su conexión especial con los corgis comenzó en 1933 cuando trajeron el primer corgi a la familia, Dookie. Este vínculo se fortaleció aún más cuando recibió un corgi como regalo de su padre en su decimoctavo cumpleaños.

Isabel mostraba aprecio por sus primeros años en el campo, especialmente el tiempo transcurrido en Escocia, y disfrutaba de una animada vida social con sus primos y demás familiares.

Un momento crucial en la vida temprana de Isabel llegó en 1936, conocido como el año de los Tres Reyes. Su abuelo, el Rey Jorge V, falleció, a quien cariñosamente solía llamar "Abuelo Inglaterra". Tras la muerte de su abuelo, su tío, el Rey Eduardo VIII, ascendió al trono. Sin embargo, más tarde ese mismo año, Eduardo VIII abdicó para casarse con Wallis Simpson, una divorciada estadounidense. Esta abdicación catapultó al padre de Isabel al trono, convirtiéndola en la heredera presuntiva.[2]

Tras el ascenso de su padre al trono en 1936, el cambio en el panorama real alteró drásticamente la vida de Isabel. Los días antes despreocupados en la calle Bruton fueron reemplazados por un riguroso horario de lecciones, apariciones públicas y estudios constitucionales. Isabel comenzó a centrarse en la historia constitucional y el derecho para prepararse para su eventual papel. Su educación en estas áreas incluyó lecciones de su padre y de Henry Marten, el vicerrector[3] de Eton. Además, recibió educación religiosa del Arzobispo de Canterbury. La

---

2. Por "heredero presuntivo" se entiende la persona que ocupa el primer lugar en la línea de sucesión de un trono, título o patrimonio, pero cuya pretensión puede verse desplazada si nace un heredero más directo. A diferencia de un "heredero aparente", cuyo derecho a la herencia es absoluto y no puede ser anulado por el nacimiento de otro heredero, la posición de un heredero presuntivo es condicional.
3. En el contexto de las instituciones educativas de Inglaterra, especialmente en las universidades, el título de vicerrector suele referirse a un alto cargo administrativo que ocupa un puesto inmediatamente inferior al de rector o director de la facultad o universidad. Las funciones y responsabilidades específicas de un vicerrector pueden variar mucho de una institución a otra, pero generalmente implican la supervisión de determinadas áreas académicas o administrativas, como los asuntos académicos, la investigación, los servicios estudiantiles o las relaciones con el profesorado.

Princesa Isabel también mejoró sus habilidades lingüísticas aprendiendo francés, recibiendo clases de diversas institutrices francesas y belgas. Esta proficiencia lingüística resultó ser particularmente beneficiosa para ella, especialmente durante las visitas a regiones francófonas de Canadá y a otros países donde se habla francés.

Pronto, el mundo de Isabel, que ya había cambiado debido al ascenso de su padre al trono, sufrió otra transformación con la amenaza inminente de la Segunda Guerra Mundial que acabó convirtiéndose en una realidad.

El deber en tiempos de guerra

Cuando la Segunda Guerra Mundial envolvió al mundo en 1939, la vida de la Princesa Isabel cambió significativamente, y la joven de apenas trece años tuvo que presenciar el caos extremo y la violencia en el mundo. Durante la guerra, la familia real enfrentó un dilema: quedarse en Gran Bretaña en medio de los peligros o evacuar a un lugar más seguro. Optaron por quedarse, convirtiéndose en símbolos de resistencia y desafío contra la adversidad que enfrentaba su nación. Isabel y Margarita fueron trasladadas al Castillo de Windsor por seguridad, pero el Rey y la Reina permanecieron en el Palacio de Buckingham. Durante estos años, Isabel presenció el impacto del liderazgo y la importancia de estar con el pueblo en tiempos difíciles.

En el Castillo de Windsor, las princesas colaboraron con el esfuerzo de guerra organizando obras de teatro navideñas. El dinero recaudado de estas obras se utilizó para comprar lana, que luego se usó para tejer ropa para los soldados.

En 1940, cuando Isabel tenía catorce años, habló por primera vez en la radio. Su discurso iba dirigido a otros niños que habían sido trasladados a lugares más seguros debido a la guerra. Isabel dijo que todos estaban tratando de ayudar a los soldados y a enfrentar los desafíos de la guerra. Ella creía que todo al final saldría bien.

Para 1943, Isabel asumió más responsabilidades. Hizo su primera aparición pública sola cuando visitó a los Granaderos de la Guardia, un grupo militar con el que estaba conectada. Asimismo, a medida que se acercaba a sus dieciocho años, el gobierno aprobó una ley especial que le permitía ayudar a dirigir el país si su padre, el Rey, estaba enfermo o fuera del país. Esto sucedió cuando él viajó a Italia en 1944.

En 1945, Isabel se unió al Servicio Territorial Auxiliar (STA), una rama femenina del Ejército Británico durante la Segunda Guerra Mundial, donde aprendió a conducir y a reparar vehículos. Isabel fue inscrita como subteniente segundo, equivalente a un teniente segundo, y luego ascendida al rango de comandante junior, similar a un capitán. Su número de servicio fue 230873. Realizó un curso de mecánica automotriz de seis semanas en Aldershot, una de las mayores guarniciones del Ejército Británico. Su entrenamiento incluyó aprender a conducir y mantener vehículos, habilidades notables para una princesa real en ese momento. Vistió un uniforme estándar del STA, sin hacer concesiones por su estatus real, lo que fue una poderosa declaración de igualdad de género y un compromiso de permanecer hombro a hombro con sus súbditos en tiempos de necesidad. Sus deberes no se limitaron solo a conducir, sino también incluían el mantenimiento y reparación de vehículos. Aprendió a cambiar ruedas, a desmontar y reconstruir motores y a conducir ambulancias y otros camiones militares. El servicio de Isabel en el STA fue una contribución práctica al esfuerzo de guerra y un gesto simbólico de solidaridad con el pueblo británico.

Los años de guerra también acercaron a Isabel a su padre. Aprendió de él el significado de servir y liderar a una nación durante tiempos de crisis. Su madre, conocida por su calma y fortaleza, fue otra gran influencia, enseñándole a Isabel la importancia del deber y el servicio público.

Mientras tanto, el Rey Jorge VI y la Reina Isabel I (la Reina Madre) se convirtieron en símbolos de determinación nacional. Visitaban áreas bombardeadas en Londres y otras partes del país, impulsando la moral y ejemplificando el espíritu de perseverancia.

Isabel fue profundamente influenciada por la determinación de sus padres, aprendiendo la importancia de la presencia y la empatía en el liderazgo. Los discursos del Rey, particularmente durante el Blitz (un período de intensas bombardeos por parte de la Alemania nazi sobre Gran Bretaña en la Segunda Guerra Mundial), fueron instrumentales para mantener la moral pública. Isabel observó de primera mano el poder de las palabras y la responsabilidad del liderazgo en tiempos de crisis.

La decisión de la familia real de permanecer en Londres, a pesar de los riesgos, fue un factor clave para elevar la moral del pueblo británico. Su hogar, el Palacio de Buckingham, fue bombardeado en varias ocasiones, un vívido recordatorio de los peligros compartidos durante la guerra.

Las apariciones públicas de Isabel y las transmisiones durante la guerra jugaron un papel fundamental en su desarrollo como futura monarca. Estas experiencias perfeccionaron sus habilidades de comunicación y profundizaron su comprensión de las luchas y esperanzas del pueblo británico.

El día que terminó la guerra en Europa, Isabel y Margarita salieron en secreto a las calles de Londres para unirse a las celebraciones, lo que la posterior Reina recordaría en una entrevista: "Le pedimos a nuestros padres que nos permitieran salir y ver por nosotras mismas. Recuerdo que nos aterrorizaba ser reconocidas... Recuerdo filas de personas desconocidas con brazos entrelazados caminando por Whitehall, todos simplemente arrastrados por una marea de felicidad y alivio".

Al final de la guerra en 1945, Isabel emergió no solo como una princesa sino también como una joven que había compartido los problemas y tribulaciones de su nación. Su tiempo en el STA, sus apariciones públicas y transmisiones durante la guerra fueron mas que simple deberes reales; fueron acontecimientos que forjaron a una monarca que lideraría con experiencia, empatía y una profunda conexión con su pueblo.

Un romance real

En el trasfondo de la Segunda Guerra Mundial, la Princesa Isabel no solo aprendía y emergía como una poderosa figura real debido a sus esfuerzos en el panorama político, sino que también cultivaba su romance con el Príncipe Felipe, su futuro esposo.

El encuentro inicial ocurrió en 1934, en una boda familiar. Isabel, quien entonces sólo tenía ocho años, y Felipe, de trece, compartían una lejana conexión familiar; eran primos segundos por línea directa del rey Cristian IX de Dinamarca y primos terceros por línea directa de la reina Victoria. Sus caminos se cruzaron nuevamente en 1937, pero fue su tercer encuentro el que desencadenó el romance. En julio de 1939, en el Royal Naval College en Dartmouth, la joven Isabel, de trece años, se enamora profundamente del joven de dieciocho años, Felipe. A partir de entonces, comenzaron a intercambiar cartas, avivando las llamas de un joven amor.

Para cuando se anunció su compromiso, el 9 de julio de 1947, Isabel tenía veintiún años. Este anuncio provocó una mezcla de reacciones. Felipe, aunque súbdito británico y oficial de la Marina Real, se enfrentó al escrutinio por sus orígenes griegos y daneses y su modesto trasfondo económico. Los matrimonios de las hermanas de Felipe con nobles alemanes con conexiones nazis añadieron controversia. A pesar de estos desafíos, incluyendo las reservas iniciales de la madre de Isabel, el amor de la pareja perseveró.

Antes de contraer matrimonio, Felipe llevó a cabo cambios importantes. Renunció a sus títulos reales griegos y daneses, se convirtió del ortodoxismo griego al anglicanismo y adoptó el apellido Mountbatten de la familia británica de su madre. También fue nombrado Duque de Edimburgo y se le otorgó el título de Su Alteza Real justo antes de la boda.

La boda, celebrada el 20 de noviembre de 1947, en la Abadía de Westminster, fue un evento trascendental. Aportó una sensación de alegría y celebración a una Gran Bretaña posguerra todavía en recuperación. El evento fue grandioso; el vestido de Isabel fue diseñado por Sir Norman Hartnell, inspirado en una pintura de Botticelli. Este icónico vestido simbolizó tanto elegancia como austeridad, ya que Isabel compró la tela con cupones de racionamiento. El pastel de bodas, de nueve pies de altura (2.7 metros), fue decorado con escudos de armas y figuras de azúcar de sus actividades favoritas. A pesar de las dificultades económicas de la nación, la pareja recibió más de 2.500 regalos de todo el mundo.

Después de la boda, la pareja pasó su luna de miel en la finca del tío de Felipe en Hampshire y luego en la finca escocesa de Balmoral. En los primeros años de su matrimonio, especialmente durante su estancia en Malta, la pareja disfrutó de una vida sencilla y despreocupada lejos del foco de la realeza. Los recién casados se establecieron inicialmente en Windlesham Moor, cerca del Castillo de Windsor, antes de mudarse a Clarence House en Londres. Entre 1949 y 1951, la pareja pasó gran parte del tiempo en Malta, donde Felipe ocupaba un espacio junto a la Marina Real.

En Malta, la Princesa Isabel, siendo esposa de un oficial naval, a menudo asistía a fiestas y reuniones. Estos eventos eran conocidos por su animado ambiente, donde utensilios de cocina y comida volaban juguetonamente por el aire, como relató su dama de compañía,[1] Henriette Abel Smith.

---

1. En la monarquía inglesa, una dama de compañía es una mujer que asiste a una reina, reina consorte o princesa. En los tiempos modernos, su función es principalmente ceremonial y social, pero históricamente implicaba una mezcla de servicio personal y asesoramiento. Las damas de compañía se seleccionan entre la nobleza o entre personas con vínculos estrechos con la familia real, y sus funciones podían incluir acompañar a la

En momentos de gran exuberancia, el Príncipe Felipe tomaría medidas para garantizar la seguridad haciendo que las damas se sentaran encima del piano.

Este período de vida social alegre pronto se vio complementado por notables acontecimiento familiares. La familia comenzó a crecer con el nacimiento del Príncipe Carlos en 1948 y la Princesa Ana en 1950. En anticipación a estos nacimientos, el Rey Jorge VI emitió cartas patentes, documentos legales oficiales asignados por un monarca o gobierno que otorgan un derecho o título, permitiendo que los hijos sean titulados como príncipes y princesas reales. Este privilegio fue especialmente importante porque Felipe había renunciado a sus títulos reales, lo que de otro modo habría dejado a sus hijos sin los títulos típicamente concedidos a los descendientes de la realeza británica. Las cartas patentes aseguraron que los niños tuvieran títulos adecuados a su estatus dentro de la familia real.

En sus primeros años de unión, Isabel y Felipe navegaron por las complejidades de sus vidas públicas y privadas. Su historia de amor fue más que un simple romance real; fue un viaje de respeto mutuo, adaptación y profundo compromiso que sentaron las bases para la eventual ascensión de Isabel al trono y las muchas décadas que pasarían juntos como la monarca y su consorte, en el reinado más largo en la historia de Gran Bretaña.

---

dama de la realeza en compromisos oficiales, ayudarla con la correspondencia y otras tareas diversas de la vida cotidiana además de sus obligaciones públicas.

El destino llama

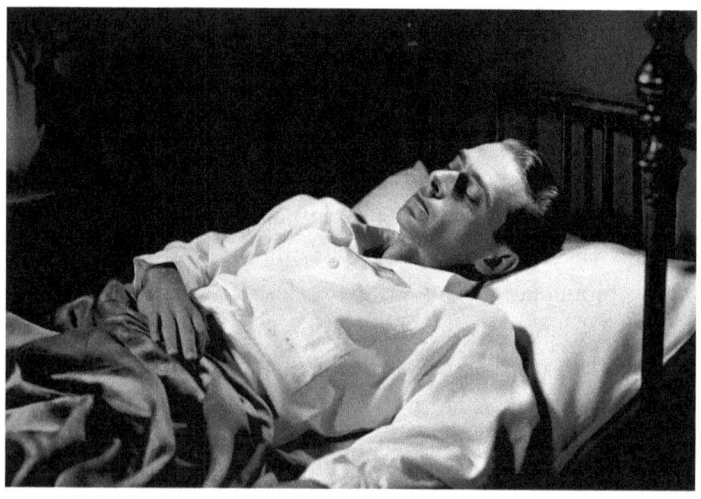

En 1951, solo unos años después de la boda de la princesa, la salud del Rey Jorge VI comenzó a decaer visiblemente, marcando un profundo cambio en las responsabilidades de la Monarquía. La Princesa Isabel, comprendiendo la gravedad de la condición de su padre, comenzó a asumir más deberes de la realeza, asumiendo su papel inminente como figura nacional. Su presencia en eventos públicos se hizo más frecuente, sustituyendo a su padre enfermo.

Esta transición fue notablemente evidente durante su visita a Canadá y Washington D.C., en octubre de 1951. Fue un viaje ensombrecido por la triste realidad de que la salud de su padre podría empeorar en cualquier momento. El secretario privado de Isabel, Martin Charteris, llevaba preparado un borrador de la declaración de ascensión, ante la posibilidad de que ella ascendiera al trono mientras estaba en el extranjero.

El año 1952 fue determinante para Isabel. Ella y su esposo, Felipe, emprendieron una gira con destino a Australia y Nueva Zelanda, con una escala en la colonia británica de Kenia. Fue durante su estancia en la Sagana Lodge, después de una noche en el Hotel Treetops en Kenia, que recibieron la noticia que cambiaría sus vidas: la muerte del Rey Jorge VI el 6 de febrero. El Príncipe Felipe fue quien comunicó la noticia a Isabel, quien en ese momento se convirtió en Reina.

Al regresar al Reino Unido, la Reina Isabel II y el Príncipe Felipe se mudaron al Palacio de Buckingham. Después de la coronación de la Reina y el asentamiento en el Palacio de Buckingham, la conexión entre ella y la Princesa Margarita se mantuvo a través de una línea telefónica dedicada entre el Palacio de Buckingham y el Palacio de Kensington. A través de esta línea telefónica, las hermanas supuestamente se involucraban en conversaciones diarias, compartiendo risas y confidencias entre ellas.

Los primeros días del reinado de Isabel plantearon la pregunta sobre el nombre de la casa real. La tradición sugería que podría tomar el nombre de su esposo, lo que llevó a sugerencias como Casa de Mountbatten o Casa de Edimburgo. Sin embargo, el Primer Ministro, Winston Churchill, y la abuela de Isabel, la Reina María, eran partidarios de conservar el nombre Casa de Windsor. El 9 de abril de 1952, Isabel anunció que la casa real continuaría como Windsor, una decisión que supuestamente dejó a Felipe marginado.

El período inicial del reinado de Isabel, cuando aún no había sido coronada, no se trató sólo de cambios administrativos. Fue un periodo también marcado por desafíos personales dentro de la familia real. Uno de estos desafíos fue el deseo de la Princesa Margarita de casarse con Peter Townsend, un hombre divorciado con dos hijos. Isabel, comprendiendo las complejidades de la situación, les pidió que esperaran. La unión enfrentó la oposición de políticos y de la Iglesia de Inglaterra, que no permitía el matrimonio después del divorcio. En última instancia, Margarita optó por renunciar al matrimonio para luego casarse con Antony Armstrong-Jones en 1960 con quien tuvo dos hijos.

En medio de estos cambios personales y políticos, la Reina Isabel II se preparaba para su coronación. A pesar de la muerte de la Reina María el 24 de marzo de 1953, la coronación procedió según lo planeado el 2 de junio de ese mismo año, honrando el deseo de María. La ceremonia, televisada por primera vez, fue un evento trascendental que simbolizó una nueva era en la monarquía británica. El vestido de coronación de Isabel, bordado con los emblemas florales de los países de la Mancomunidad de Naciones, fue un testimonio de su dedicación a su reino y a sus diversos súbditos.

Los primeros años de reinado de la Reina Isabel II fueron una mezcla de deber solemne y evolución personal. La muerte de su padre no solo marcó el final de una era, sino el inicio de una nueva monarquía bajo su dirección. Su transición, desde una princesa que reemplazaba en ocasiones a su padre hasta su consolidación como reina, estuvo marcada por la resiliencia, la adaptabilidad y un profundo sentido del deber. Estas cualidades llegarían a definir su larga tenencia como una de las monarcas más respetadas y perdurables en la historia.

PARTE II
Un reinado invisible

(1952-1970)

Aprendiendo el oficio en una Gran Bretaña posguerra

El viaje de Isabel como monarca había comenzado mucho antes de convertirse en reina. Su ascenso al trono en 1952 no fue solo un logro personal, sino también un importante acontecimiento en la historia de la monarquía británica. Desde entonces, comenzó a ser la autoridad de múltiples estados independientes.

Cuando la Reina heredó la Corona, fue colocada en una corte similar a la de su abuelo, Jorge V, debido a que los cortesanos del antiguo orden se aferraban a las tradiciones surgidas a principios del siglo; a menudo eran vistos como un grupo anticuado al que no le gustaban ni la prensa ni los medios de comunicación modernos. Sin embargo, después de la guerra, Gran Bretaña experimentó importantes cambios sociales y económicos. El país pasó de ser una formidable potencia industrial a tener una economía que apostaba por la innovación y la modernidad. Este cambio se reflejó durante el reinado de Isabel, ya que su marido, el Príncipe Felipe, era un conocido modernizador. Y fue así que se dio inicio al proceso de adaptación hacia la modernización en la familia real. Esta adaptación no se debió solo a cambios en las tradiciones, sino también a que Gran Bretaña estaba evolucionando y su nueva imagen empezaba a ocupar un lugar cada vez más importante en el mundo.

En 1953, un año después de tomar el trono, Isabel emprendió una ambiciosa gira de siete meses alrededor del mundo, recorriendo más de 64.000 kilómetros por tierra, mar y aire. Esta gira no fue solo un viaje a través de diferentes países, sino también una profunda declaración de su compromiso con la Mancomunidad. Visitó trece países, marcando por primera vez su presencia como monarca reinante en naciones como Australia y Nueva Zelanda. De hecho, se calcula que tres cuartas partes de la población australiana vieron a la Reina.

Desde el comienzo de su reinado, la Reina Isabel II se reunió con todos los presidentes de los Estados Unidos, desde Harry S. Truman hasta Joe Biden, excepto Lyndon B. Johnson. Esta exclusión en particular no se debió a ningún desinterés, ni tensión diplomática, sino a la falta de un encuentro o visita oficial durante el mandato de Johnson (1963-1969). A pesar de no haber podido coordinar un encuentro directo entre ambos, esta situación no se debió a ninguna intención de evitar compromisos diplomáticos. Las interacciones de la Reina Isabel con todos los demás presidentes de los Estados Unidos fueron significativas, no solo como formalidades, sino también como momentos decisivos que reforzaron la "relación especial" entre el Reino Unido y los Estados Unidos. Su visita a Estados Unidos en 1957, organizada por el Presidente Dwight D. Eisenhower, fue un claro ejemplo del profundo impacto de sus compromisos diplomáticos, sobre todo, durante su discurso ante la Asamblea General de las Naciones Unidas en esa ocasión.

Como joven monarca, su discurso ante un organismo internacional dirigido principalmente por hombres fue un momento memorable, que puso en relieve su posición e influencia mundialmente. En junio de 1982, se convirtió en la primera monarca británica en intervenir en una sesión conjunta del Congreso de Estados Unidos, resaltando la importancia de la alianza transatlántica.

El reinado de Isabel se convirtió en sinónimo de continuidad y estabilidad, superando con gracia y sabiduría las complejidades de las convenciones constitucionales y de los cambios políticos. Sus viajes no se limitaban a visitas oficiales, sino que reforzaban los lazos dentro de la Mancomunidad. No era solo la Jefa de Estado que más viajaba; era una fuerza unificadora, una presencia que trascendía fronteras y culturas.

Los primeros días del reinado de Isabel enfrentaron tanto retos políticos como dificultades económicas. Tras las guerras mundiales, Gran Bretaña había perdido prestigio y estatus financiero, por lo que necesitaba ayuda de Estados Unidos para reconstruir su economía. La Reina llevó a cabo varias reformas sociales y económicas encaminadas a reconstruir la economía nacional y mejorar la calidad de vida de los británicos, tales como la creación del Servicio Nacional de Salud (National Health Service, NHS) y la expansión del estado de bienestar. Aunque la Reina no desempeñó ningún papel directo en estas políticas, su reinado se caracterizó por ser un periodo de progreso y de transformación social.

Sus transmisiones navideñas anuales, una tradición iniciada por su padre, se convirtieron en un medio a través del cual podía comunicarse directamente con el pueblo, compartiendo sus pensamientos y reflexiones sobre el año transcurrido. Estas transmisiones, alejadas de sus deberes políticos, se convirtieron en un medio para que la Reina conectara con los ciudadanos, ofreciéndole palabras de esperanza, aliento y unidad.

La transmisión navideña de la Reina Isabel II de 1957 desde la Casa Sandringham marcó el comienzo de una nueva era en la comunicación monárquica moderna, estableciéndola como un ejemplo a seguir para el mundo en evolución. A través del "nuevo medio" de comunicación, la televisión, los británicos vieron y escucharon a su Reina por primera vez, recibiendo un mensaje que combinaba los avances tecnológicos con valores como la fe, la moralidad y la honestidad.

Así, en una Gran Bretaña posguerra, la Reina tuvo que hacer frente a todo tipo de cambios sociopolíticos, desde una economía en declive hasta un mundo con una tecnología en rápido ascenso.

La Mancomunidad de Naciones

En el resurgimiento después de la guerra, Gran Bretaña enfrentó la difícil tarea de reconstruir una nación devastada y redefinir su papel en el escenario global. La Reina Isabel II ascendió al trono en 1952, en una Gran Bretaña en proceso de recuperación. Su coronación simbolizó no solo un nuevo reinado, sino también las esperanzas y aspiraciones de un país que buscaba levantarse. El papel de la Reina, en gran medida ceremonial, se convirtió en un faro de estabilidad y continuidad para un pueblo ansioso por superar las dificultades que trajo la guerra.

Uno de los aspectos mas destacados del inicio del reinado de Isabel fue la descolonización del Imperio Británico. Este proceso había comenzado incluso antes de que ella se convirtiera en Reina, pero cobró impulso durante su reinado.

Algunos países en Asia, tales como la India, Pakistán y Ceilán (ahora Sri Lanka), lograron la independencia poco después de la guerra, estableciendo un precedente para otras colonias de la región. El papel de Isabel en este proceso fue principalmente simbólico, pero representaba una nueva era de liderazgo británico, que se inclinaba más hacia una transición pacífica que hacia el dominio colonial.

El desarrollo de los países de la Mancomunidad, en los que la Reina Isabel se mantuvo como Jefa de Estado, supuso una forma moderna de monarquía. Estos países independientes, (entre ellos Canadá, Australia y Nueva Zelanda) mantuvieron un vínculo constitucional con la monarquía británica al mismo tiempo que se gobernaban por sí mismos. Este único acuerdo demostró la adaptabilidad de la monarquía bajo el reinado de Isabel II, fomentando un sentido de historia e identidad compartidas entre diversas naciones.

La Reina también se reunió con numerosos líderes de las colonias, tanto en público como en privado, proporcionándoles una vía de diálogo y entendimiento durante el complejo proceso de descolonización. Sus interacciones con figuras como Kwame Nkrumah, de Ghana, y Jawaharlal Nehru, de la India, contribuyeron a impulsar las relaciones con las nuevas naciones independientes.

La década de 1950 fue una época turbulenta para la monarquía británica, en la que la crisis de Suez representó un reto importante. En 1956, Gran Bretaña, Francia e Israel intentaron tomar el control de Egipto sobre el Canal de Suez. Isabel permaneció como una observadora silenciosa durante la crisis, y sus opiniones y sentimientos personales quedaron ocultos bajo el velo de la monarquía. Sin embargo, había rumores de que se oponía a la invasión, opinión que añadía una capa de complejidad a su posición como monarca. La crisis condujo finalmente a la renuncia del Primer Ministro Sir Anthony Eden, hundiendo a la monarquía en un periodo de incertidumbre política.

La intervención de Isabel en la selección del sucesor de Eden puso de manifiesto el equilibrio de poder e influencia que poseía. Fue asesorada por un grupo de personalidades políticas, desde Lord Salisbury hasta Winston Churchill, y finalmente nombró a Harold Macmillan como nuevo Primer Ministro. El proceso que condujo a esta decisión resaltó una vez más el complejo equilibrio entre la monarquía y el gobierno, un equilibrio que Isabel dominó a lo largo de los años.

Los años posteriores a la crisis de Suez no estuvieron exentos de desafíos. Isabel tuvo que hacer frente a las críticas, sobre todo las de Lord Altrincham en 1957, quien la acusó de no estar en contacto con el pueblo. Estas críticas fueron recibidas con indignación pública, reflejando la profunda conexión y respeto que el pueblo sentía por su Reina. A pesar de estos desafíos, la determinación de Isabel nunca flaqueó. Siguió desempeñando sus funciones con la misma dedicación y desenvoltura, demostrando la esencia misma de la monarquía británica.

Sus visitas de Estado no fueron únicamente gestos diplomáticos, sino que reflejaron su compromiso con la Mancomunidad y su pueblo. En 1957, se dirigió a la Asamblea General de las Naciones Unidas en representación no solo del Reino Unido, sino de toda la Mancomunidad. Sus viajes la llevaron a Canadá, Estados Unidos y a países de Asia y África. En cada visita dejó una huella imborrable, destacándose tanto como monarca como símbolo de unidad y fortaleza.

A lo largo de su reinado, sus esfuerzos por mejorar la Mancomunidad siguieron siendo admirables, con contribuciones a numerosos fideicomisos e iniciativas en toda la organización. Por ejemplo, el "Queen Elizabeth Diamond Jubilee Trust" logró avances significativos en la lucha contra las causas evitables de ceguera, proporcionando millones de tratamientos y cirugías para eliminar el tracoma en varios países de la Mancomunidad. Además, el programa "The Queen's Young Leaders" reconoció y apoyó a jóvenes que realizaban notables contribuciones a sus regiones en toda la Mancomunidad.

Además, el proyecto "Queen's Commonwealth Canopy", iniciado en 2015, demostró el compromiso de la Reina con la conservación del medio ambiente, involucrando a más de cuarenta y cinco países en una serie de iniciativas de conservación forestal destinadas a preservar amplias extensiones de tierra para las generaciones futuras.

La dedicación de la Reina Isabel II a la Mancomunidad de Naciones fue profunda, pues abarcó una amplia labor diplomática internacional, cultivó los lazos culturales y realizó importantes actividades benéficas. Durante su reinado realizó más de 200 visitas a países de la Mancomunidad, recorriendo casi todas las naciones de la asociación y realizando a menudo numerosos viajes de ida y vuelta. Cabe destacar que un tercio de todas sus visitas al extranjero fueron a países de la Mancomunidad, demostrando una vez más su compromiso con estas naciones. Su primera visita oficial al extranjero como Princesa se llevó a cabo en 1947 e incluyó una importante gira por Sudáfrica, Zimbabue y Botsuana, donde ofreció un discurso el día de su vigésimo primer cumpleaños, en el que expresó su visión y esperanza para el futuro de la Mancomunidad.

Los Juegos de la Mancomunidad destacan como una de las competiciones deportivas más importantes del mundo. Inaugurados en 1930 en Hamilton (Canadá) y celebrados cada cuatro años, estos juegos se han convertido en una celebración de los logros atléticos y el intercambio cultural entre las naciones de la Mancomunidad. A pesar de las interrupciones en 1942 y 1946 debidas a la Segunda Guerra Mundial, los Juegos se convirtieron en un escenario de deportes populares de todos los países miembros, como el atletismo, la natación, los bolos sobre hierba y el rugby a siete. Como reflejo de la evolución de los intereses y las culturas de sus participantes, la gama de deportes se ha ampliado a lo largo de los años, reflejando la diversidad de la Mancomunidad y el compromiso de la Reina de celebrar dicho evento.

Además, las interacciones de la Reina Isabel con los líderes de la Mancomunidad durante su reinado fueron decisivas para fortalecer los lazos dentro de esta asociación. Al recibir a numerosos jefes de estado, facilitó el diálogo y el entendimiento, elementos fundamentales para dar forma a la futura trayectoria de la Mancomunidad. Estos compromisos fueron algo más que formalidades; fueron oportunidades vitales para fomentar un sentimiento de comunidad y apoyo mutuo, fortaleciendo los valores de igualdad, respeto y comprensión entre los países de la Mancomunidad.

Con su dedicación tanto en los Juegos de la Mancomunidad como en las reuniones con los jefes de gobierno, la Reina Isabel II demostró un profundo compromiso con los ideales de la Mancomunidad.

Asuntos familiares

La familia de la Reina Isabel II empezó a crecer con el nacimiento de su primer hijo, el Príncipe Carlos, el 14 de noviembre de 1948. Su llegada marcó un momento de alegría en la Gran Bretaña que aún se recuperaba de la guerra, aportando esperanza y un sentido de continuidad a la monarquía. Nacido en el palacio de Buckingham, Carlos fue el primer hijo de Isabel y Felipe.

En los primeros años de su vida, el Príncipe Carlos vivió una infancia tanto extraordinaria como típica para un niño de su estatus. El joven príncipe fue criado principalmente por niñeras, como era habitual en los niños de la realeza. Su educación temprana se llevó a cabo en casa, bajo la dirección de institutrices. Este aislamiento del mundo exterior se debió en parte a su estatus de realeza y en parte a las circunstancias de la época.

A medida que crecía, Carlos recibió una educación digna de un futuro rey. Asistió a la Hill House School en el oeste de Londres, a la Cheam Preparatory School y a la prestigiosa Gordonstoun School en Escocia, reflejando las opciones educativas de su padre. Estas experiencias, si bien le proporcionaron una excelente base académica, también le hicieron enfrentarse por primera vez a los retos de estar fuera de la burbuja de la realeza.

Durante toda su infancia, el Príncipe Carlos fue consciente de su destino como futuro Rey de Inglaterra. El ascenso al trono de su madre en 1952, cuando él sólo tenía tres años, lo colocó directamente en la línea de sucesión. El conocimiento de este hecho y las expectativas que conllevaba marcaron gran parte de sus primeros años de vida y su relación con su familia y con el público.

Después del Príncipe Carlos, la Reina Isabel II tuvo tres hijos más: La Princesa Ana, nacida el 15 de agosto de 1950; el Príncipe Andrés, nacido el 19 de febrero de 1960; y el Príncipe Eduardo, nacido el 10 de marzo de 1964. Cada hijo aportó una dinámica única a la familia real, y la relación de la Reina con cada uno de ellos fue distinta.

La Princesa Ana, única hija de la Reina, compartía un estrecho vínculo con su madre, unidas por su amor mutuo por los caballos y la equitación. El carácter fuerte e independiente de Ana parecía conectar con la Reina, quien siempre había admirado su fortaleza y determinación.

El Príncipe Andrés, nacido una década después que su hermana, la princesa Ana, entró a formar parte de una familia real que ya gozaba de buena reputación pública. La relación de la Reina con Andrés era descrita como afectuosa, y a menudo se consideraba que Andrés era su hijo favorito, una afirmación que era tema de especulación pública.

El más joven, el Príncipe Eduardo, nació en una época en la que la Reina tenía más experiencia en compaginar sus obligaciones reales con la vida familiar. Se dice que la educación de Eduardo fue más relajada y que compartió una relación cálida y cercana con sus dos padres.

Detrás de la grandeza y formalidad de su imagen pública, la vida de la Reina Isabel II entre los muros del Palacio de Buckingham y otras residencias reales estuvo marcada por un profundo compromiso con su familia. A pesar de las exigencias de su cargo, se esforzó por estar presente en la vida de sus hijos: Carlos, Ana, Andrés y Eduardo. Pero los primeros años de Isabel con sus hijos también estuvieron marcados por largos periodos de separación debido a sus obligaciones, incluida una gira de seis meses por la Mancomunidad en 1953. Estas separaciones significaban que los niños a menudo pasaban más tiempo con niñeras y bajo el cuidado del personal de la guardería. Sin embargo, la familia valoraba el tiempo que pasaban juntos, apreciando momentos como las Navidades en Sandringham y los veranos en Balmoral, cuando podían disfrutar de su mutua compañía lejos de las obligaciones públicas.

La relación de la Reina con el Príncipe Carlos fue de especial interés a lo largo de los años. Como heredero, Carlos recibió mucha atención y orientación de su madre. Sin embargo, la naturaleza de su papel como monarca y el de él como futuro rey a menudo significaba que su relación era tanto institucional como familiar. Esta dinámica, aunque necesaria, provocó a veces una percepción de distanciamiento entre madre e hijo, sobre todo a ojos del público.

El papel de Isabel II como madre iba mucho más allá de la crianza de sus hijos; también asumió la compleja gestión de la casa real, equilibrando las exigencias de ambos deberes con gracia y precisión. En sus esfuerzos por proporcionar estabilidad y normalidad a su familia en medio de la grandeza de la vida del palacio, puso en práctica diversas tradiciones y rutinas, fomentando un entorno en el que sus hijos pudieran prosperar a pesar de las presiones de su estatus real. Gracias a su dedicación a la armonía familiar y a su meticulosa atención a los detalles, estableció un sólido ejemplo de liderazgo maternal dentro de la monarquía.

Los movidos años sesenta

Los años sesenta en Gran Bretaña fueron una época de notable agitación social y cultural, un periodo que remodeló la identidad de la nación y su visión de la monarquía. La Reina Isabel, símbolo de continuidad en medio de estos rápidos cambios, desempeñó un papel de mucho peso durante esta década transformadora. Esta época, a menudo caracterizada por fuertes cambios sociales y la descolonización del Imperio Británico, supuso un difícil equilibrio para la monarquía, especialmente para la Reina, que se enfrentaba tanto a la evolución del paisaje de su país como a la de su propio rol como monarca.

Un aspecto destacado de la década de los años sesenta fue la aceleración de la descolonización de África y el Caribe. Durante este periodo, más de veinte países se independizaron de Gran Bretaña, marcando una transición sustancial hacia el autogobierno. Esta oleada de cambios no solo alteró la posición mundial de Gran Bretaña, sino que también afectó su identidad nacional.

Uno de los acontecimientos más notables de este proceso fue la declaración unilateral de independencia por parte del Primer Ministro de Rodesia, Ian Smith, en 1965.[1] Smith declaró lealtad a la Reina Isabel, nombrándola "Reina de Rodesia" a pesar de que ella lo había destituido formalmente. Dicho acto se oponía al cambio hacia un gobierno mayoritario y dio lugar a sanciones internacionales contra Rodesia. Para la Reina, esto supuso una complicada situación en la que tuvo que equilibrar su papel formal como monarca constitucional con las cambiantes realidades políticas de la Mancomunidad.

En 1966, la catástrofe de Aberfan (Gales) representó un reto importante para la imagen pública de la Reina. Un vertedero de desechos mineros colapsó, sepultando una escuela y casas en el pueblo, lo que provocó la trágica pérdida de 144 vidas, incluidas las de 116 niños. La decisión de la Reina de retrasar ocho días su visita al lugar de los hechos, siguiendo las recomendaciones que había recibido, fue muy criticada. Este incidente evidenció la evolución de las expectativas de la opinión pública respecto a la monarquía en momentos de tragedia nacional. Fue un momento de aprendizaje para la Reina, ya que posteriormente expresó su arrepentimiento por el retraso, resaltando un cambio en su comprensión sobre el papel de la monarquía a la hora de proporcionar apoyo moral y emocional a la nación.

---

1. La Declaración Unilateral de Independencia (DUI) de Rodesia fue una declaración adoptada por el Gabinete de Rodesia el 11 de noviembre de 1965, en la que se anunciaba que Rodesia del Sur o simplemente Rodesia, un territorio británico en el sur de África que se había gobernado a sí mismo desde 1923, se consideraba ahora un Estado soberano independiente.

La década de 1960 no fue solo una época de transformaciones políticas, sino también de importantes cambios sociales y culturales. La aparición de la cultura juvenil, el movimiento de liberación de la mujer y la expansión de los medios de comunicación de masas transformaron la sociedad británica. En este contexto, la monarquía, encabezada por la Reina Isabel II, tuvo que encontrar su lugar en una sociedad que se modernizaba rápidamente y se volvía más informal.

En un intento de adaptarse a los nuevos tiempos y ofrecer una mirada a la vida de la familia real, en 1969 se estrenó un documental titulado "Royal Family". Fue un momento innovador, ya que fue una de las primeras veces que el público tuvo una visión íntima de la vida de los miembros de la realeza. El documental fue inmensamente popular, con más de treinta millones de espectadores solo en Inglaterra. Fue un audaz paso para humanizar a la familia real y hacerla más cercana al público.

Ese mismo año también se produjeron importantes logros en la exploración espacial, con la participación de la Reina Isabel II en el histórico aterrizaje en la luna del Apolo 11. Envió un mensaje de buena voluntad que fue llevado a la luna por los astronautas y, posteriormente, se reunió con ellos en el Palacio de Buckingham, marcando un momento trascendental en su reinado y reflejando el alcance global y la influencia de su monarquía.

La actitud de la Reina Isabel ante estos cambios se caracterizó por una adaptación gradual. Al tiempo que mantenía la dignidad y las tradiciones de la monarquía, introdujo cambios sutiles en los compromisos reales y las apariciones públicas, reflejando una imagen más moderna y cercana. Este enfoque ayudó a la monarquía a seguir siendo relevante y respetada en una sociedad que cuestionaba cada vez más las instituciones tradicionales.

Los años sesenta fueron una década de cambios importantes para Gran Bretaña. Mientras la nación navegaba por los desafíos de la descolonización, las transformaciones sociales y las tragedias nacionales, las respuestas y adaptaciones de la Reina Isabel fueron fundamentales para mantener la relevancia de la monarquía. Su capacidad para equilibrar la tradición con la necesidad de cambio, sus respuestas a las crisis nacionales y su exploración del cambiante panorama de la Gran Bretaña moderna fueron cruciales para hacer de la monarquía una institución duradera en un mundo en rápida transformación.

PARTE III
Una corona firme

(1971-2002)

Conflicto norirlandés y más allá

La segunda mitad del siglo XX, especialmente la década de 1970, representó un conjunto de retos para la Reina Isabel II y la monarquía británica. Esta época estuvo marcada en gran parte por el conflicto norirlandés, también conocido como "The Troubles" (o "Los Problemas" en español), la Guerra Fría y los cambios en la política mundial. La Reina Isabel II desempeñó su papel en un mundo plagado de complejas relaciones internacionales e intensos problemas internos.

El conflicto norirlandés fue polifacético y complejo; comenzó a finales de la década de 1960 y duró hasta el Acuerdo de Viernes Santo de 1998. Sus principales causas fueron las profundas divisiones políticas, religiosas y nacionalistas. El conflicto se originó con la división de Irlanda en 1921, lo que llevó a la creación de Irlanda del Norte como parte del Reino Unido, predominantemente protestante, y de la República de Irlanda, predominantemente católica.

"The Troubles" comenzó como una campaña de marchas por los derechos civiles y protestas contra la discriminación de la minoría católica/nacionalista de Irlanda del Norte que más tarde se convirtió en un conflicto violento y prolongado. En él participaron grupos paramilitares como el Ejército Republicano Irlandés (ERI), que buscaba la unificación con la República de Irlanda, y los paramilitares lealistas, que luchaban por mantener a Irlanda del Norte dentro del Reino Unido.

A lo largo de la década de 1970, el conflicto se intensificó, con trágicos sucesos como el Domingo Sangriento de 1972, en el que soldados británicos fusilaron a veintiséis civiles desarmados. Como monarca constitucional, la Reina Isabel II cumplió un papel principalmente simbólico, aunque sus acciones y respuestas fueron cruciales para transmitir una postura de neutralidad y un compromiso con la paz y la reconciliación. Sus visitas a Irlanda del Norte y sus reuniones con líderes de ambas comunidades se consideraron gestos relevantes para fomentar el diálogo y el entendimiento.

El camino hacia la paz en Irlanda del Norte fue largo y difícil. Los esfuerzos para lograr la reconciliación involucraron al gobierno británico e irlandés y a la mediación internacional. El momento decisivo llegó con la firma del Acuerdo del Viernes Santo en 1998, que significó un importante avance político en el proceso para alcanzar la paz. Este acuerdo estableció un nuevo gobierno descentralizado en Irlanda del Norte y sentó las bases para una futura cooperación y paz.

El papel de la Reina Isabel II en el proceso para alcanzar la paz, aunque indirecto, fue simbólico, puesto que en 2012, en un gesto histórico de reconciliación, se reunió con Martin McGuinness (antiguo comandante del Ejército Republicano Irlandés y para aquel momento viceprimer ministro de Irlanda del Norte) y le estrechó la mano. Este fue un acto muy importante y unos de los primeros pasos hacia la paz y la reconciliación.

Durante la Guerra Fría, el papel de la Reina Isabel II en las relaciones internacionales se vio reforzado por su participación en asuntos estatales y diplomáticos. Sus visitas de Estado, incluidas las realizadas a países del bloque del Este, fueron fundamentales para mantener y promover las relaciones diplomáticas británicas en medio de las tensiones mundiales.

Los esfuerzos diplomáticos de la Reina no se limitaron a Europa. Su papel constitucional la obligó a abordar una serie de asuntos internacionales, desde el proceso de descolonización en África y el Caribe hasta la relación con los nuevos integrantes de la escena internacional.

La década de 1970 también planteó importantes retos en el ámbito de la política interior. El papel constitucional de la Reina se destacó en momentos como las elecciones generales de 1974, que dieron como resultado un empate en el Parlamento. Sus decisiones durante este periodo, incluido el nombramiento de Harold Wilson como Primer Ministro, recalcaron su papel en la democracia parlamentaria del Reino Unido.

La década de 1970, marcada por "The Troubles" en Irlanda del Norte y la Guerra Fría, fue un periodo de importantes retos y cambios para la Reina Isabel II y la monarquía británica. Las respuestas de la Reina a estos retos, caracterizadas por su dedicación y sensibilidad ante las complejidades de la época, contribuyeron a mantener la estabilidad y la relevancia de la monarquía. Sus acciones, aunque a menudo simbólicas, desempeñaron un papel fundamental en el camino hacia la paz en Irlanda del Norte y en la defensa de la dignidad y neutralidad de la monarquía en un mundo en rápida transformación.

Jubileo de Plata y pérdidas personales

En 1977, el Reino Unido y la Mancomunidad celebraron el Jubileo de Plata de la Reina Isabel II, conmemorando los veinticinco años desde su ascenso al trono. Este hito fue más que una simple celebración; fue una reafirmación de la presencia de la Reina y de la estabilidad que aportó a la monarquía durante un periodo de rápidos cambios.

El Jubileo de Plata fue una celebración nacional con fiestas, desfiles y eventos especiales en toda la Mancomunidad. En todos los rincones del Reino Unido, las comunidades se unieron, reflejando el sentimiento de unidad y orgullo nacional que la Reina había llegado a encarnar. Este jubileo no fue solo una celebración de los veinticinco años de la Reina en el trono, sino también un testimonio de su capacidad para adaptarse y modernizar la monarquía, manteniendo al mismo tiempo sus tradiciones.

Uno de los acontecimientos más significativos fue la gira del jubileo de la Reina, que la llevó a diversas partes del Reino Unido y de la Mancomunidad. Estas visitas no fueron únicamente ceremoniales, sino que le permitieron a la Reina conectar con todo tipo de ciudadanos. El entusiasmo y la calidez con los que fue recibida durante estas giras fueron indicativos del profundo afecto y respeto que se había ganado a lo largo de los años.

El Jubileo de Plata también reflejó la evolución de la monarquía bajo el reinado de la Reina. Desde su llegada al trono en 1952, Isabel II fue testigo de importantes cambios políticos, sociales y tecnológicos. Su constancia y dedicación a sus deberes en el transcurso de estos cambios la ayudaron a consolidar su reinado, haciendo del Jubileo de Plata no solo una celebración del pasado, sino también una mirada esperanzada hacia el futuro.

En medio de las celebraciones y obligaciones públicas, la Reina se enfrentó a grandes dificultades personales, especialmente al comienzo del siglo XXI. Las muertes de su hermana, la Princesa Margarita, y de su madre, la Reina Madre, con pocas semanas de diferencia en 2002, fueron una importante pérdida personal para ella.

La Princesa Margarita, hermana menor de la Reina, falleció el 9 de febrero de 2002 tras sufrir un derrame cerebral. Margarita formaba parte esencial de la vida de la Reina, compartiendo las preocupaciones y la dicha de la vida de la realeza. Su fallecimiento dejó un vacío en la vida personal de la Reina, quitándole no solo a una hermana, sino a una confidente de toda la vida. A pesar de sus personalidades diferentes y de los caminos distintos que habían tomado sus vidas, el vínculo entre las hermanas perduró como una conexión inquebrantable que no se rompió ni con el paso de los años.

La muerte de la Reina Madre el 30 de marzo de 2002, a la edad de 101 años, fue otra dolorosa pérdida para la Reina Isabel II. La Reina Madre había sido un pilar de fortaleza y apoyo, no solo para la Reina sino para toda la nación, especialmente durante los duros años de la Segunda Guerra Mundial. Su longevidad y resistencia la habían convertido en una figura nacional muy querida, y su fallecimiento marcó el final de una era.

Estas pérdidas personales consecutivas se produjeron en un momento en el cual la monarquía se enfrentaba al escrutinio público y a otros desafíos. La forma en que la Reina afrontó estas tragedias fue un claro indicador de su naturaleza firme y resistente. Equilibró su dolor interior con sus obligaciones públicas, demostrando su compromiso con la Corona incluso ante el dolor personal.

La forma en que la Reina Isabel II afrontó sus pérdidas personales sin dejar de cumplir con sus obligaciones públicas fue extraordinaria. Su capacidad para mantener la compostura y continuar con sus responsabilidades en esos momentos difíciles pusieron en relieve su carácter y gran sentido del deber. Fue también durante este tiempo cuando el público observó un lado más personal de la Reina, uno que no solía ser visible a menudo tras las formalidades de su papel.

Su firmeza ante la tragedia personal también aumentó el afecto y el respeto del pueblo hacia ella. La nación simpatizó con las pérdidas de la Reina, viendo en ella no solo a una monarca sino a una persona que, como cualquier otra, experimentaba el dolor de perder a seres queridos.

El periodo que abarcó el Jubileo de Plata y las posteriores pérdidas personales de la Princesa Margarita y la Reina Madre fue un tiempo tanto de celebración como de dolor para la Reina Isabel II. El jubileo marcó un acontecimiento importante en su reinado, demostrando su éxito al dirigir la monarquía durante décadas de cambio. Al mismo tiempo, las tragedias personales a las que tuvo que hacer frente sacaron a la luz su lado humano, revelando la fortaleza y resiliencia que habían caracterizado su reinado.

Mareas cambiantes y modernización

La segunda mitad del siglo XX se caracterizó por una serie de acontecimientos que pusieron a prueba la resiliencia y adaptabilidad de la monarquía, provocando cambios profundos en su relación con el público y en su forma de afrontar la modernización y los avances tecnológicos.

El proceso de descentralización, que supuso la creación del Parlamento Escocés y de la Asamblea Nacional de Gales, fue un momento crucial en la historia del país. La Reina Isabel II desempeñó un papel decisivo en esta transición, inaugurando formalmente estas nuevas legislaturas. Su participación simbolizó el apoyo de la monarquía al cambiante panorama político del Reino Unido.

Al mismo tiempo, el auge de los medios de comunicación revolucionó la forma de difundir y consumir la información.

La Reina, consciente de la importancia de mantenerse en contacto con el pueblo en un mundo cada vez más digital, adoptó estos avances tecnológicos. Durante este periodo, la familia real se hizo más accesible y transparente, y la propia Reina avanzó considerablemente en su relación con el público a través de diversas plataformas mediáticas.

En 1979, la Reina Isabel II se embarcó en una histórica gira por el Medio Oriente, convirtiéndose en la primera monarca británica en visitar los países del Golfo Pérsico. Su visita incluyó paradas en Kuwait, Baréin, Arabia Saudita, Catar, los Emiratos Árabes Unidos y Omán. Esta gira fue relevante porque tuvo lugar en un momento de creciente importancia económica y política de la región del Golfo, especialmente debido al petróleo. Sus reuniones con líderes como el jeque Jaber de Kuwait y el jeque Isa de Baréin fueron fundamentales para reforzar las relaciones diplomáticas y comerciales con estas potencias emergentes.

El encuentro de la Reina con el Papa Juan Pablo II en 1980 fue una momento trascendental, símbolo del fortalecimiento de las relaciones entre la Iglesia Anglicana y la Iglesia Católica. Este encuentro, celebrado en el Vaticano, promovió el diálogo interreligioso y el respeto mutuo entre las diferentes tradiciones religiosas.

Durante la ceremonia del "Trooping the Colour" (o "Desfile del estandarte" en español) en 1981, se produjo un espeluznante incidente mientras Isabel cabalgaba por The Mall en Londres. Un joven atacante hizo seis disparos contra ella, que luego resultaron ser de fogueo. A pesar de este alarmante suceso, la compostura de la Reina fue admirable, demostrando su determinación y su capacidad para mantener la calma ante el peligro.

El sentido del deber y la fortaleza personal de la Reina se hicieron aún más evidentes en 1982. La participación de su hijo, el Príncipe Andrés, en la Guerra de las Malvinas fue motivo tanto de orgullo como de ansiedad para la Reina. Este año, asimismo, fue testigo de una intrusión en el núcleo mismo de la monarquía británica. El palacio de Buckingham, símbolo del patrimonio británico y residencia de la familia real, acostumbrado a acoger anualmente a miles de personas para diversos eventos, fue blanco de un visitante no deseado. El 9 de julio de 1982, Michael Fagan, pintor y decorador londinense de 31 años, escaló sorprendentemente el muro perimetral del palacio, trepó por una tubería y entró por una ventana abierta después de haber pasado la noche bebiendo. Sus acciones no solo vulneraron la seguridad del palacio, sino que le condujeron directamente a la habitación privada de la Reina Isabel II, lo que supuso uno de los fallos de seguridad más importantes de la historia del palacio.

La visita de Fagan al dormitorio de la Reina, donde entabló conversación con Su Majestad, fue un momento de inesperado riesgo que la Reina afrontó con notable serenidad. A pesar de pulsar el botón de alarma y pedir ayuda, la respuesta de los servicios de seguridad tardó en llegar, lo que puso de manifiesto un fallo en los protocolos de seguridad del palacio. La calma y el rápido actuar de la Reina, quien acabó comunicándose con una criada, condujeron a la detención de Fagan.

Este incidente no fue la primera entrada no autorizada de Fagan en el palacio, revelando una vulnerabilidad alarmante en las medidas de seguridad de la residencia real. Fagan ya había entrado anteriormente en el palacio de Buckingham, recorriendo sus pasillos e incluso sentándose en el trono, sin ser detectado, hasta que su presencia en el dormitorio de la Reina hizo sonar las alarmas. Este evento provocó un escándalo público que llevó al Ministro del Interior del Reino Unido, William Whitelaw, a presentar su renuncia, la cual fue rechazada por la Reina. Desde el punto de vista legal,

Fagan no fue acusado de allanamiento de morada debido a la singularidad del incidente, que involucraba instalaciones de la realeza. Sin embargo, fue juzgado por robo debido a otra intromisión en la que consumió vino del Príncipe Carlos. Tras su detención, Fagan se sometió a una evaluación psiquiátrica y fue internado temporalmente en una institución de salud mental.

Esta extraordinaria filtración evidenció los múltiples retos a los que se enfrentó la Reina Isabel II durante su reinado, desde la ansiedad personal por la participación de su hijo en la guerra hasta la gestión de las relaciones diplomáticas y los importantes descuidos en materia de seguridad en su propia residencia.

La década de 1980 fue una época turbulenta para la familia real, marcada por el intenso escrutinio de los medios de comunicación. Las historias sensacionalistas en la prensa, a menudo especulativas o no comprobadas, se convirtieron en algo habitual. La relación de la Reina Isabel II con Margaret Thatcher, Primera Ministra del Reino Unido de 1979 a 1990, fue uno de los aspectos más criticados y especulados de su reinado. Este periodo estuvo marcado por importantes cambios sociales y económicos en Gran Bretaña, y la dinámica entre la monarca y la Primera Ministra se convirtió inevitablemente en un tema de interés público.

La Reina y Margaret Thatcher, aunque contemporáneas en edad, tenían personalidades y antecedentes considerablemente diferentes. Isabel, nacida en la familia real y ascendida al trono a una edad temprana, tenía un profundo sentido del deber y la tradición. Thatcher, por su parte, procedía de un entorno modesto y ascendió en el Partido Conservador, convirtiéndose en la primera mujer Primera Ministra del Reino Unido. Sus diferentes perspectivas se evidenciaron en sus planteamientos de gobierno y política pública.

La Reina y la Primera Ministra mantenían reuniones privadas semanales, un compromiso tradicional entre la monarca y la jefe de gobierno. Estas reuniones eran confidenciales y ambas partes mantenían una relación profesional. Sin embargo, los medios de comunicación especulaban a menudo sobre posibles desacuerdos, sobre todo en relación con las políticas económicas y las reformas sociales de Thatcher, que se consideraba que habían contribuido a la división y el malestar social en la década de 1980. Ocasionalmente surgieron informes que sugerían que la Reina estaba preocupada por el impacto de estas políticas en la nación, especialmente en términos de desempleo, malestar social y la postura de Thatcher ante el apartheid sudafricano. Sin embargo, estos informes se basaban a menudo en rumores y fuentes no verificadas. El palacio rara vez comentaba sobre asuntos políticos, siguiendo el protocolo constitucional según el cual la monarquía es políticamente neutral.

A pesar de sus diferencias personales o ideológicas, tanto la Reina como Thatcher respetaban mutuamente sus respectivas funciones constitucionales. Thatcher, como jefa de gobierno, era responsable de la política y la gobernanza, mientras que el papel de la Reina era en gran medida ceremonial y simbólico, sirviendo como figura unificadora de la nación. Es un hecho ampliamente reconocido que ambas se ajustaron a estos límites, comprendiendo la importancia de mantener la estabilidad y la continuidad de la monarquía constitucional. Después de que Thatcher dejara el cargo, la Reina le concedió dos de los más altos honores que podía otorgarse a alguien como monarca: la membresía en la Orden del Mérito y la Orden de la Jarretera[1]. Este gesto se

---

1. La Orden del Mérito y la Orden de la Jarretera son dos de las más altas

consideró una muestra del respeto que sentía la Reina hacia Thatcher por los servicios prestados al país, independientemente de las diferencias personales o políticas que pudieran haber existido.

Por otro lado, la visita diplomática de Isabel a China en 1986 constituyó otro acontecimiento histórico, ya que fue la primera monarca británica en visitar el país. Este viaje, que incluyó momentos de intercambio cultural y humor, también jugó un papel vital en las discusiones sobre el futuro de Hong Kong. El compromiso de la Reina con los dirigentes chinos y su recorrido por los principales lugares de interés cultural resaltaron la importancia de fomentar el entendimiento y el respeto mutuos entre las dos naciones.

En sintonía con su naturaleza altruista, en 1987 la Reina Isabel II inauguró la primera sala dedicada al SIDA en el Hospital Middlesex de Londres; fue el centro de los titulares al estrechar la mano, sin guantes, a los enfermos de VIH/SIDA. Este acto se consideró una poderosa declaración contra el estigma asociado a la enfermedad en aquella época. Su gesto marcó un antes y un después en materia de salud pública y demostró su voluntad de comprometerse con los problemas sociales contemporáneos a la vez que comprenderlos.

Los últimos años de la década de 1980 y los primeros de la de 1990 fueron también periodos de profundos retos personales e institucionales para la Reina Isabel II. La

---

condecoraciones que pueden concederse en el Reino Unido. Ambas son otorgadas personalmente por la monarquía, lo que significa que se conceden sin necesidad de asesoramiento gubernamental. La Orden del Mérito (OM) fue creada en 1902 por el Rey Eduardo VII; esta reconoce servicios distinguidos en las fuerzas armadas, la ciencia, la literatura, el arte y la promoción de la cultura. La Orden de la Jarretera (OJ) fue creada por el Rey Eduardo III en 1348; es la orden de caballería más antigua y de mayor rango en el sistema de honores británico.

participación pública de jóvenes miembros de la realeza en un concurso benéfico fue recibida con burlas, y su papel en el ambiente políticamente cargado de países como Fiyi demostró el alcance global de su influencia. Los primeros años de la década de 1990 trajeron más pruebas personales, que culminaron en su descripción de 1992 como un "annus horribilis" ("año horrible" en español), un año marcado por conflictos familiares y controversias públicas.

El 20 de noviembre de 1992 se produjo un incendio devastador en el castillo de Windsor, una de las residencias de la Reina Isabel II. Las llamas se originaron en la Capilla Privada de la Reina Victoria debido a un foco defectuoso y el fuego se propagó rápidamente por toda la zona, destruyendo 115 habitaciones, entre ellas nueve Salas de Estado. El St. George's Hall, al lado de la capilla, se vio gravemente afectado. A pesar de la intensidad del incendio, se extrajeron con éxito obras de arte de gran valor de la Colección Real y solo se perdieron dos piezas. Como consecuencia del incendio, que tardó quince horas en extinguirse, se puso en marcha un importante proyecto de restauración dirigido por el Duque de Edimburgo. La restauración consistió tanto en recuperar elementos históricos como en modernizarlos. Por ejemplo, se sustituyó el espacio de la capilla original por el nuevo Lantern Lobby y se reconstruyó el St. George's Hall para reflejar sus orígenes del siglo XIV, aunque desde una perspectiva mas moderna. Cabe destacar que la restauración concluyó exactamente cinco años después, el 20 de noviembre de 1997, coincidiendo con las bodas de oro de la Reina Isabel II y el Príncipe Felipe. Este acontecimiento no solo marcó un momento sobresaliente en la historia del castillo de Windsor, sino que también fue ejemplo de la perseverancia y dedicación al patrimonio durante el reinado de la Reina Isabel II.

La prematura y trágica muerte de la Princesa Diana en agosto de 1997 no solo supuso una profunda pérdida personal para la familia real, sino también un momento de crisis sin precedentes para la monarquía durante el reinado de la Reina Isabel II, poniendo en primer plano la delicada relación entre la familia real y el sentimiento público.

Inicialmente, la respuesta de la Reina ante la muerte de Diana se ajustó a la tradición y el protocolo de la realeza, que hacían hincapié en la privacidad y la moderación en asuntos de dolor personal. La familia real permaneció en Balmoral, su residencia privada en Escocia, para dar apoyo y consuelo a los príncipes Guillermo y Harry, hijos de Diana. Esta decisión, aunque se tomó pensando en el bienestar de sus nietos, fue recibida con descontento por la opinión pública. La ausencia de una declaración pública inmediata de la Reina y la ausencia de una bandera izada a media asta en el Palacio de Buckingham fueron percibidas como una falta de empatía y respeto por la querida Princesa Diana.

La reacción del público fue emotiva y conmovedora, con un sentimiento de profundo e inesperado dolor. El mar de flores ante el palacio de Kensington y los espontáneos homenajes públicos pusieron en evidencia el profundo afecto y admiración que el público sentía por Diana. La Reina, comprendiendo la situación, dejó el protocolo de la realeza de un lado para empatizar más con el pueblo.

La Reina Isabel II respondió a la situación demostrando su capacidad de adaptación y su sensibilidad ante el estado de ánimo de la nación, y decidió regresar a Londres antes de lo previsto. Realizó una inusual transmisión televisiva en directo a la nación, rindiendo homenaje a la memoria de Diana. En esta ocasión, la Reina expresó su admiración por Diana y su profunda preocupación como abuela por los Príncipes Guillermo y Harry. Este discurso personal y sincero fue un momento memorable que representó un cambio en el enfoque de la realeza sobre el compromiso público y la comunicación.

Además, la decisión de la Reina de permitir un funeral público con todos los honores de la realeza, a pesar de que Diana ya no era miembro de la familia real, fue un reconocimiento más del lugar único que ocupó Diana en el corazón de la gente y en la historia de la monarquía. El funeral, seguido por millones de personas en todo el mundo, no fue solo un momento de duelo, sino también un reflejo de la cambiante dinámica entre la monarquía y el pueblo.

No obstante, y a pesar de estos desafíos, la Reina Isabel II continuó adaptándose y evolucionando. En 1992, dio un discurso histórico ante el Parlamento Europeo en Estrasburgo. Fue la primera monarca británica en hacerlo. Este acontecimiento fue memorable porque se produjo en un periodo de cambios significativos en Europa, tras la caída del Muro de Berlín y en medio de debates sobre el futuro de la Unión Europea. En su discurso, recalcó la necesidad de unidad y la importancia de una Europa pacífica y próspera, lo que supuso un gesto digno de mención por el papel de Gran Bretaña en el cambiante panorama político europeo.

Su participación en acontecimientos importantes, como su discurso ante el Congreso de Estados Unidos y la celebración de su Jubileo de Rubí, demostraron su constante compromiso personal. Asimismo, su respuesta a los nuevos tiempos, incluida la modernización de las disposiciones financieras de la monarquía y su participación en el proceso de descentralización del Reino Unido, demostraron su voluntad de aceptar el cambio y la modernidad.

PARTE IV
Jubileo de Oro y más allá

(2002-2022)

Momentos memorables

Los primeros años del siglo XXI estuvieron marcados por importantes acontecimientos y momentos históricos en el reinado de la Reina Isabel II, que demostraron su perdurable presencia como símbolo de continuidad y perseverancia en un mundo en continuo cambio.

En 2002 se celebró el Jubileo de Oro de la Reina Isabel II, cincuenta años desde su llegada al trono. Este aniversario fue motivo de orgullo y alegría nacional, a pesar de que se vio ensombrecido por pérdidas personales para la Reina, con la muerte de su hermana y de su madre. El Jubileo de Oro no fue solo una celebración de los años de servicio de la Reina, sino también un reflejo de la trayectoria de la nación durante esas décadas.

La Reina se embarcó en una extensa gira, reafirmando su conexión con el público de todo el mundo. La gira comenzó en Jamaica, donde un apagón eléctrico durante una cena oficial no llegó a opacar el espíritu de la ocasión. A lo largo del año, en distintos pueblos y ciudades, fiestas y actos conmemorativos reflejaron el entusiasmo y el respeto por la Reina. La respuesta del pueblo fue abrumadora, con un millón de personas participando en la celebración del Jubileo en Londres, reflejo de un profundo respeto y afecto por la Reina.

En 2011, la Reina Isabel II fue anfitriona de la Conferencia de Londres sobre el ciberespacio en el Palacio de Buckingham. Este evento reunió a miembros del gobierno, líderes de la industria y expertos cibernéticos de más de sesenta países para debatir sobre el futuro del ciberespacio, la ciberseguridad y la importancia de la cooperación internacional para hacer frente a los retos cibernéticos. La participación de la Reina puso en relieve su reconocimiento sobre la creciente importancia de las infraestructuras digitales y los asuntos cibernéticos en todo el mundo.

En 2012, el Jubileo de Diamante conmemoró los sesenta años de reinado de la Reina Isabel. Este notable acontecimiento se celebró en todo el Reino Unido y la Mancomunidad, con varios miembros de la familia real representando a la Reina en diferentes regiones. El Jubileo estuvo marcado por una serie de eventos, entre ellos la iluminación de faros en todo el mundo, símbolo de la perdurable influencia de la Reina y del alcance mundial de la monarquía.

Entre los acontecimientos más significativos de este periodo se encuentra la histórica visita de Estado de la Reina a Irlanda en mayo de 2011. Esta visita, que fue la primera de un monarca británico a la República de Irlanda desde su independencia, supuso un momento crucial en las relaciones angloirlandesas. La visita simbolizó un paso importante para curar heridas históricas y construir una nueva relación basada en el respeto y el entendimiento mutuos. Fue un claro testimonio del papel de la Reina en el fomento de las relaciones diplomáticas y de su compromiso con la reconciliación y la paz.

Con el cambio de milenio, la Reina Isabel II abrazó la nueva era con un gesto simbólico al inaugurar en Londres la Cúpula del Milenio, una colosal estructura diseñada para celebrar el amanecer del nuevo siglo y mostrar los logros y aspiraciones del mundo moderno.

Su adaptabilidad a los nuevos tiempos se reflejó también en su respuesta a los acontecimientos mundiales. Tras los atentados del 11 de septiembre de 2001 en Estados Unidos, y rompiendo con la tradición, la Reina ordenó que se tocara el himno nacional estadounidense durante el cambio de guardia en el Palacio de Buckingham, un conmovedor gesto de solidaridad.

El incidente del Daily Mirror representó también un importante desafío en el reinado de Isabel II, al resaltar la tensión entre la libertad de los medios de comunicación y la intimidad de la familia real. En 2003, el periódico se vio envuelto en un escándalo de abuso de confianza, que llevó a la Reina a intervenir judicialmente.

El Daily Mirror había publicado información conseguida mediante una operación encubierta, en la que un reportero del periódico se infiltró y consiguió empleo como personal doméstico en el palacio de Buckingham. Esta operación encubierta violó los protocolos de privacidad y seguridad de la casa real. La información recopilada y posteriormente publicada dejó al descubierto las vidas privadas de la familia real, incluidos los hábitos personales y las actividades tras puertas en el palacio.

Este acto del Daily Mirror no fue solo una violación de la ética periodística, sino también de la confianza depositada en el personal del palacio. La infiltración de un reportero en la casa real suscitó serias preocupaciones en materia de seguridad y privacidad.

En respuesta a esta transgresión, la Reina Isabel tomó la inusual medida de iniciar acciones legales. La familia real, que normalmente se abstiene de participar directamente en disputas legales, especialmente con la prensa, optó por responder a esta violación para proteger su intimidad y salvaguardar la dignidad de la monarquía. La acción legal iniciada por la Reina tuvo como consecuencia que el Daily Mirror recibiera una orden judicial que impedía la publicación de más información confidencial. Además, se le exigió al periódico que contribuyera a cubrir los gastos legales de la Reina.

Esta respuesta legal fue una clara declaración de la Reina sobre los límites aceptables del periodismo y el respeto a la vida privada de las figuras públicas, incluso de aquellas tan públicas como la familia real. Asimismo, fue una postura firme contra las tácticas invasivas empleadas a veces por la prensa en busca de historias sensacionalistas.

A lo largo del proceso judicial, la respuesta de la Reina Isabel II fue comedida y digna. A pesar de la intrusión en la vida privada de su familia, mantuvo la compostura y continuó cumpliendo con sus deberes reales con el mismo compromiso y gracia que habían caracterizado su reinado. Este incidente no la apartó de sus responsabilidades públicas, ni disminuyó su dedicación al servicio de la nación y de la Mancomunidad.

La forma en que la Reina afrontó el incidente del Daily Mirror demostró no solo su compromiso con la protección de la vida privada y la dignidad de su familia, sino también su determinación frente a las adversidades. Este episodio es una muestra de los retos a los que se enfrenta la monarquía en la era moderna: equilibrar la responsabilidad pública con el derecho a la vida privada en un panorama mediático cada vez más intrusivo.

En 2007, la Reina Isabel II celebró otro hito personal, su aniversario de bodas de diamante con el Príncipe Felipe, marcando una unión que fue tanto un sistema de apoyo personal como un símbolo de compromiso duradero.

Su discurso de 2010 en la Asamblea General de la ONU, en el que fue presentada como "un ancla para nuestra era", reafirmó su condición de figura mundial respetada. Tras este discurso, la Reina realizó una conmovedora visita a Nueva York, donde inauguró un jardín en memoria de las víctimas británicas de los atentados del 11 de septiembre, consolidando aún más su papel en la diplomacia internacional y en la historia mundial. La Reina puso una corona de flores en el lugar de la tragedia y se reunió con los socorristas y las familias de las víctimas, mostrando su compasión y apoyo ante la tragedia ocurrida.

La participación de la Reina Isabel en los Juegos Olímpicos también tuvo un impacto sin precedentes. Tras inaugurar los Juegos Olímpicos de verano de 1976 en Montreal, repitió este honor en los de 2012 en Londres, convirtiéndose en la primera Jefa de Estado en inaugurar dos Juegos Olímpicos en países diferentes. Su aparición en un cortometraje para la ceremonia de apertura de los Juegos Olímpicos de Londres, junto al actor Daniel Craig como James Bond, fue un momento inesperado y encantador, que demostró su sentido del humor y su voluntad de comprometerse con la cultura popular.

En 2015, la Reina Isabel II alcanzó otro hito histórico al convertirse en la monarca británica que más tiempo ha reinado (superando el récord anterior de su tatarabuela, la Reina Victoria, quien reinó durante sesenta y tres años y 216 días, desde el 20 de junio de 1837 hasta su muerte el 22 de enero de 1901). Este logro consolidó su presencia en un papel históricamente dominado por hombres. Fue un momento de reflexión más que de celebración para la Reina, quien comentó con humildad que nunca había aspirado a este récord. Fue un recordatorio conmovedor de su compromiso de toda la vida con su papel en la monarquía y de los tiempos cambiantes que había enfrentado.

Los Jubileos de Oro y de Diamante, junto con la histórica visita de Estado a Irlanda y otros acontecimientos trascendentales, encapsulan la esencia del reinado de la Reina Isabel II a principios del siglo XXI.

La monarquía moderna y transiciones familiares

El reinado de la Reina Isabel II en el siglo XXI fue testigo no solo de la evolución de la monarquía británica, sino también de importantes transiciones en el seno de la propia familia real.

La boda del príncipe Guillermo y Kate Middleton el 29 de abril de 2011 fue un momento de alegría y celebración, que representó un capítulo importante en la historia moderna de la monarquía británica. La unión no fue solo un acontecimiento de la realeza, sino un espectáculo mundial que capturó la atención de millones de espectadores de todo el mundo. También representó un puente entre la tradición y la modernidad, ya que Kate, una persona común sin antecedentes aristocráticos, recibió una calurosa bienvenida a la familia real. Este acontecimiento contribuyó en gran medida a cambiar la percepción pública de la monarquía, haciéndola más cercana y accesible a una nueva generación. El enfoque moderno de la pareja en sus funciones públicas y su capacidad para conectar con todo tipo de personas se ha percibido como un cambio refrescante, símbolo de una monarquía más inclusiva y moderna.

El reinado de la Reina, si bien se caracterizó en gran parte por la estabilidad y la continuidad, también se enfrentó a grandes controversias, en particular las relacionadas con su hijo, el Príncipe Andrés, y su nieto, el Príncipe Harry. Estas controversias no solo afectaron la imagen pública de la familia real, sino que también generaron dudas sobre el papel de la monarquía en la sociedad contemporánea.

El Príncipe Andrés, segundo hijo de la Reina, se vio envuelto en una serie de situaciones polémicas, entre las que destacó su asociación con el agresor sexual convicto Jeffrey Epstein. Esta asociación provocó fuertes acusaciones de los medios de comunicación y críticas públicas, sobre todo después de una entrevista ampliamente cuestionada con la BBC en 2019 en la que el príncipe Andrés intentó aclarar su relación con Epstein. Sus explicaciones, percibidas como poco convincentes e insensibles, opacaron aún más su reputación.

La situación se agravó cuando Virginia Giuffre, una de las víctimas de Epstein, presentó una demanda contra el príncipe Andrés, alegando que había sido traficada para él y abusada sexualmente. Esta demanda intensificó la controversia, dando lugar a peticiones para que el Príncipe Andrés se apartara de sus funciones públicas.

Frente a la situación de su hijo, la respuesta de la Reina fue prudente, equilibrando su papel de monarca y madre. Aunque no hizo ningún comentario público sobre las acusaciones, la decisión de que el Príncipe Andrés se apartara de sus funciones públicas se consideró una medida para proteger la imagen de la monarquía. Esta medida resaltó el compromiso de la Reina con la institución monárquica, dando prioridad a su estabilidad y prestigio público por encima de las controversias personales de cada uno de sus miembros.

La decisión del príncipe Harry de apartarse de la vida real, junto con su esposa, Meghan Markle, fue otro acontecimiento de gran impacto que planteó un nuevo desafío para la monarquía. La decisión de la pareja, anunciada en enero de 2020, fue seguida por una sincera entrevista con Oprah Winfrey en 2021, en la que hablaron de sus experiencias dentro de la familia real, incluyendo temas relacionados con la salud mental y la invasión por parte de los medios de comunicación.

La entrevista desencadenó polémicas a nivel mundial sobre la monarquía, incluyendo acusaciones de racismo y falta de apoyo dentro de la familia real. La respuesta de la Reina a estas acusaciones fue comedida y reconciliadora. Emitió un comunicado en el que expresaba su preocupación por los temas mencionados, en particular los relacionados con el racismo, e insistió en que la familia los abordaría en privado. Esta respuesta demostró su intento de gestionar la situación con delicadeza, reconociendo la gravedad de los problemas y manteniendo al mismo tiempo la privacidad de la familia.

En ambos casos, el papel de la Reina Isabel II fue crucial para afrontar las controversias. Sus acciones reflejaron su compromiso de mantener la dignidad y la reputación de la monarquía. Al equilibrar la necesidad de responsabilidad pública y la preservación de los asuntos privados de la familia, afrontó estos retos apuntando a la estabilidad de la monarquía.

Estos acontecimientos han dado lugar a una transición gradual de responsabilidades de la generación más joven de la realeza. Figuras como el príncipe Guillermo y su esposa Kate, junto con el príncipe Carlos, han ido asumiendo papeles cada vez más relevantes, preparando así la futura sucesión y garantizando la continuidad de los compromisos públicos y la labor benéfica de la monarquía.

La pandemia de COVID-19 también trajo consigo desafíos sin precedentes y el liderazgo de la Reina Isabel II durante esta crisis fue notable. Se trasladó al castillo de Windsor y adoptó estrictos protocolos sanitarios. Sus discursos televisados a la nación fueron momentos de unidad y tranquilidad. El 5 de abril de 2020, su mensaje irradió un sentido de resiliencia y esperanza, que evocaba a los discursos pronunciados en tiempos de guerra por su padre, el Rey Jorge VI. Su capacidad para conectar con el sentimiento de la nación, animando a la gente a "no rendirse nunca, a no perder la esperanza", fue un conmovedor recordatorio de su papel como fuente de estabilidad y consuelo.

A pesar de la pandemia, la Reina mantuvo su compromiso con el servicio público. Asistió a la apertura del Parlamento, a la cumbre del G7 y recibió al Presidente de Estados Unidos, Joe Biden, entre otros compromisos. Su decisión de conceder la Cruz de Jorge al SNS (Servicio Nacional de Salud) fue un reconocimiento al incansable esfuerzo del personal sanitario. El uso de un bastón durante sus compromisos públicos y una breve estancia en el hospital revelaron su vulnerabilidad, aunque la dedicación a sus deberes fue inquebrantable.

La muerte del Príncipe Felipe, Duque de Edimburgo, el 9 de abril de 2021, tras setenta y tres años de matrimonio, marcó el final de una era. En su primer momento de reinado como viuda, la Reina hizo una demostración de profunda resiliencia y dignidad, en particular durante el funeral del Príncipe Felipe, en el que las restricciones de COVID-19 la obligaron a sentarse sola, un momento que conmovió a personas de todo el mundo. El homenaje personal que rindió a su "amado Felipe" en su programa de Navidad fue una excepcional muestra de sus sentimientos más íntimos, demostrando así la solidez de su relación.

El Jubileo de Platino de 2022 celebró los setenta años de reinado de la Reina Isabel II, un nuevo hito histórico. El Jubileo fue una muestra de longevidad y dedicación al servicio público. Durante este periodo, se reunió con varios líderes mundiales, entre ellos el Primer Ministro canadiense Justin Trudeau, y nombró a su 15ª Primera Ministra británica, Liz Truss. Su participación en estos importantes acontecimientos políticos y públicos, incluso en medio de problemas personales de salud, demostró su compromiso con sus deberes constitucionales.

Jubileo de Platino y despedida

El año 2022 marcó un momento histórico en la monarquía británica con la celebración del Jubileo de Platino de la Reina Isabel II, seguido de la triste noticia de su fallecimiento. Este periodo englobó tanto la celebración de un extraordinario reinado como la transición de la monarquía a una nueva era bajo el reinado de Carlos III.

El Jubileo de Platino de la Reina Isabel II, en febrero de 2022, celebró sus setenta años en el trono, un hecho sin precedentes que ningún otro monarca británico había alcanzado. El Jubileo fue una conmemoración de su permanencia en el trono así como una reflexión sobre su extraordinaria vida y legado. Su reinado, que abarcó más de siete décadas, fue testigo de cambios monumentales en el mundo y en la propia monarquía. Isabel II transitó por estos cambios con una mezcla de tradición y modernidad, ganándose el respeto y la admiración del mundo entero.

Las festividades del Jubileo fueron una celebración nacional, con actos que reflejaban el compromiso de la Reina con el servicio público y la Mancomunidad. Sin embargo, los problemas de salud de la Reina limitaron sus apariciones públicas. A pesar de ello, su presencia, en persona o en espíritu, fue una fuerza unificadora para la nación.

El 8 de septiembre de 2022, el Palacio de Buckingham anunció su preocupación por la salud de la Reina. Ese mismo día, el mundo recibió la noticia de su fallecimiento en el castillo de Balmoral a la edad de noventa y seis años. Su muerte marcó el fin de una era e inició la meticulosamente planificada Operación Puente de Londres, que establecía el protocolo a seguir tras la muerte de un monarca.

La nación y la Mancomunidad se sumieron en un periodo de luto, reflexionando sobre el profundo impacto de su reinado. El ataúd de Isabel fue trasladado en avión a Londres donde reposó en Westminster Hall durante cuatro días para luego ser trasladado a la catedral de San Gil de Edimburgo, donde miles de personas presentaron sus respetos. El duelo público fue inmenso, con un cuarto de millón de personas haciendo fila durante horas para rendir homenaje.

El día del funeral, el 19 de septiembre en la abadía de Westminster, fue un acontecimiento histórico, por ser el primero en realizarse para una monarca tras la desaparición de Jorge II en 1760. Asistieron líderes mundiales, altos dirigentes y personalidades públicas, demostrando la repercusión global de la Reina. El cortejo fúnebre y las ofrendas religiosas fueron una mezcla de solemnidad y pompa, dignas de una monarca que dedicó la vida a su país y a la Mancomunidad de Naciones.

La última procesión tuvo lugar en Windsor, donde hubo momentos conmovedores, como la aparición de su poni y sus dos corgis a los lados de la procesión. La Reina Isabel fue enterrada junto al Príncipe Felipe en una ceremonia privada.

El fallecimiento de la Reina Isabel II marcó el comienzo del reinado de Carlos III. La transición hacia un nuevo monarca trajo consigo retos y oportunidades. El Rey Carlos III ascendió al trono en un momento de incertidumbre global y se enfrentó a la tarea de mantener la importancia de la monarquía en un mundo en constante cambio.

Se esperaba que Carlos, tras haber pasado toda una vida preparándose para este papel, aportara su propio estilo a la monarquía. Su compromiso con las causas medioambientales y las temáticas sociales apuntaba a un reinado centrado en los retos globales contemporáneos. Sin embargo, también se enfrentaba a la delicada tarea de mantener las tradiciones y los valores que representan a la monarquía, equilibrando la modernización con la preservación del patrimonio.

El Jubileo de Platino de la Reina Isabel II y su posterior fallecimiento marcaron un periodo de reflexión y transición para la monarquía británica. Su vida y su reinado, caracterizados por la devoción y la adaptabilidad, dejaron un profundo legado que influirá en la monarquía durante generaciones. Al asumir el trono, el Rey Carlos III adquirió la responsabilidad de honrar este legado mientras que dirige la monarquía hacia el futuro. El final del histórico reinado de Isabel II y el comienzo de la era de Carlos III representan un capítulo memorable en la historia de una de las monarquías más antiguas del mundo, que simboliza tanto la continuidad como el cambio.

Imagen pública e impacto

En las páginas de la historia, pocos monarcas han dejado una huella tan característica como la Reina Isabel II. Su reinado, que comenzó en una época de esperanza tras la Segunda Guerra Mundial, la vio transformarse de una encantadora "Reina de cuento de hadas" de los años 50 en un símbolo de resistencia, adaptabilidad y gracia perdurable. Su viaje no fue solo personal, sino que se entrelazó con la evolución cultural y política de Gran Bretaña así como con su impacto en todo el mundo.

Los primeros años del reinado de Isabel se caracterizaron por un sentimiento de optimismo y rejuvenecimiento. La Gran Bretaña de posguerra miraba hacia una "nueva era isabelina", en la que el progreso y los logros estaban a la orden del día. Isabel, en sus años de juventud y vitalidad, encarnaba perfectamente este espíritu. Era glamurosa y carismática, y cautivaba no solo al público en el Reino Unido, sino en todo el mundo.

No obstante, todo reinado tiene sus desafíos. En 1957, la crítica de Lord Altrincham a su estilo de hablar, que recordaba al de una "colegiala mojigata", marcó uno de los inusuales momentos de crítica pública a los que se enfrentó. Esta crítica, sin embargo, no apagó su espíritu, sino que impulsó un cambio hacia una monarquía más moderna. A finales de la década de 1960, como ya se ha mencionado, esta transición se hizo evidente a través de iniciativas como el documental "Royal Family" y la televisada ceremonia de investidura del Príncipe Carlos como Príncipe de Gales. Estos esfuerzos permitieron mostrar la realidad de la realeza y acercar la monarquía al pueblo.

Quizá uno de los cambios más significativos que introdujo la Reina Isabel II fue el "paseo real". Esta práctica, iniciada durante una gira por Australia y Nueva Zelanda en 1970, le permitió acercarse al público de manera informal, rompiendo el protocolo y las tradiciones reales. Fue una medida revolucionaria, símbolo de una monarquía más accesible y menos distante. Su vestuario, conocido por sus abrigos de colores sólidos y sus característicos sombreros, no era solo una declaración de moda, sino una elección funcional que le permitía ser visible entre la multitud.

El Jubileo de Plata de 1977 fue una prueba de su popularidad. El entusiasmo del público y las celebraciones por todo el país reflejaron el profundo afecto que sentían por su Reina. Sin embargo, la década siguiente fue difícil, ya que la familia real tuvo que hacer frente a un mayor escrutinio, especialmente de la vida personal de los hijos de Isabel. Los años noventa fueron especialmente difíciles; la opinión pública se tambaleaba y la Reina se enfrentaba a críticas sin precedentes. En respuesta, se adaptó, abrió el palacio de Buckingham al público y aceptó pagar el impuesto sobre la renta, una medida que demostraba su voluntad de evolucionar con los tiempos.

A pesar de estos retos, su popularidad, especialmente en momentos de crisis nacional, se mantuvo firme. La muerte de Diana, Princesa de Gales, en 1997, fue un momento crítico. El discurso de Isabel a la nación, una singular transmisión televisiva en directo, fue un momento clave para volver a conectar con el pueblo, demostrando su empatía y liderazgo.

Internacionalmente, la Reina Isabel II era inmensamente popular. Así lo demostró en países como Australia donde, a pesar del movimiento republicano, su encanto personal y su respeto mantuvieron intacta la monarquía. Líderes como la Primera Ministra de Australia, Julia Gillard, y Malcolm Turnbull, antiguo líder del movimiento republicano australiano, reconocieron su impacto. Turnbull, en particular, dijo sobre ella: "Ha sido una extraordinaria Jefa de Estado".

Su influencia también se reflejó en las encuestas de opinión pública. En 2006 y 2007, estos sondeos mostraron gran apoyo a la monarquía en Gran Bretaña. Durante su Jubileo de Diamante en 2012, sus índices de aprobación se dispararon hasta el 90%. Incluso durante el Jubileo de Platino, y a pesar de las controversias que rodearon a la familia real, su popularidad personal se mantuvo intacta, testimonio de su constante encanto y del respeto que inspiraba.

La Reina Isabel II no fue solo una monarca; fue un ícono cultural, representado en diversos medios de comunicación. Artistas como Pietro Annigoni, Peter Blake y Lucian Freud, y fotógrafos como Cecil Beaton y Annie Leibovitz, la plasmaron en sus obras, contribuyendo a su inmortalidad.

Aunque los primeros años de la Reina Isabel en el trono se desarrollaron bajo un enfoque más tradicional de la monarquía, a medida que la sociedad evolucionaba, ella también lo hacía, dirigiendo sutilmente la institución a través de la modernidad. En las décadas de 1960 y 1970 adoptó la televisión como medio para conectar con el pueblo, lo que supuso un cambio significativo frente a las emisiones radiofónicas de sus predecesores. El documental "Royal Family" y la televisada investidura del Príncipe Carlos fueron esfuerzos para hacer visible la vida de la realeza, un intento de llegar a una audiencia inmersa en un mundo que cambiaba rápidamente.

La introducción del "paseo real" durante una gira por Australia y Nueva Zelanda en 1970 fue un paso revolucionario. Rompió las barreras entre la monarquía y el pueblo, permitiendo interacciones informales y personales. Esta práctica, ahora habitual en los compromisos reales, fue un emblema de la sutil modernización del protocolo real por parte de Isabel.

La Reina, siempre altruista, apoyó como patrocinadora a más de 600 organizaciones e instituciones benéficas. La Charities Aid Foundation calculó que, durante su reinado, Isabel contribuyó a recaudar más de 1.400 millones de libras esterlinas para diversas causas. Apoyó a la Cruz Roja Británica, una destacada organización humanitaria que ayuda a las personas en crisis tanto en el Reino Unido como en el resto del mundo. También patrocinó a la Legión Británica Real, famosa por apoyar de por vida a los miembros de las fuerzas armadas británicas, a los veteranos de guerra y a sus familias. Asimismo, brindó su apoyo a Barnardo's, una de las principales organizaciones benéficas del Reino Unido dedicada a ayudar a los niños y jóvenes más vulnerables del país. Su apoyo se extendió también a Cancer Research UK, una organización centrada en la prevención, diagnóstico y tratamiento del cáncer. También colaboró con Save the Children UK, institución que se esfuerza por mejorar la vida de los niños a través de la educación, la atención sanitaria y las oportunidades económicas, además de proporcionar ayuda de emergencia en diversas crisis. También se benefició de su patrocinio la Royal National Lifeboat Institution (RNLI), entidad comprometida con salvar vidas en el mar en las costas del Reino Unido e Irlanda. Su apoyo fue notable para The Duke of Edinburgh's Award, un programa destinado a capacitar jóvenes y fundado por su marido, el Príncipe Felipe. La Royal Society for the Prevention of Cruelty to Animals (RSPCA) fue otra de las organizaciones que se benefició de su patrocinio, dedicada a promover el bienestar de los animales. El Teatro Nacional, una de las principales salas de artes escénicas, prosperó bajo su auspicio, con el compromiso de ofrecer un teatro de primera clase, atractivo, estimulante e inspirador. Además, su apoyo a la Asociación de Scouts destacó su compromiso con la juventud, una organización cuyo objetivo es ayudar a los jóvenes a desarrollar todo su potencial en diversos aspectos de la vida.

Sus numerosos títulos y honores reflejaron su estatus y la estima que se le tenía en todo el mundo. En cada uno de sus reinos recibió un título único, desde Reina de Santa Lucía a Reina de  Australia, cada uno de los cuales resaltaba su papel como figura unificadora. Su bandera personal y su emblema real se convirtieron en símbolos de su reinado, reconocidos en todo el mundo.

El legado de Isabel es imborrable y variado. Su reinado se vio caracterizado por su inquebrantable sentido del deber, su compromiso con el servicio público y, además, por su capacidad para adaptarse a los nuevos tiempos, manteniendo simultáneamente la dignidad y las tradiciones de la monarquía. Adicionalmente, es importante reconocer que la Reina Isabel, a través de los años, logró llegar a los corazones de millones de personas, ganándose así un profundo afecto y respeto, no solo en el Reino Unido, sino en todo el mundo.

Epílogo: Una Reina para el recuerdo

A medida que se cierran los capítulos del reinado de la Reina Isabel II, nos queda reflexionar sobre la huella indeleble que ha dejado no solo en la monarquía británica, sino en el mundo entero. Su vida, tejida con hilos de deber, resistencia y transformación, ofrece una historia que trasciende el paso del tiempo. Es la historia de una monarca que, con serenidad y determinación inquebrantables, navegó por las mareas del cambio y se mantuvo como un faro de continuidad en medio de un mundo en rápida evolución.

El reinado de la Reina Isabel II, el más largo de la historia británica, fue más que un registro cronológico de acontecimientos; fue un viaje de adaptabilidad y perseverancia. Desde los primeros días de su juventud, marcados por los ecos de la guerra y el peso de una corona inesperada, hasta los últimos años de su reinado, demostró una constancia admirable. Su capacidad para abrazar el progreso sin perder de vista la tradición permitió a la monarquía evolucionar, reflejando el rostro cambiante de la nación y de la Mancomunidad que tanto apreciaba.

Su legado no se limitó a la grandeza de las reuniones estatales o a la solemnidad de sus obligaciones; también se hizo presente en momentos tranquilos: una sonrisa compartida con un joven admirador, una palabra de consuelo en momentos de dolor nacional, una mirada de comprensión y empatía, un apretón de manos con un paciente de SIDA.

Estos momentos, aunque fugaces, fueron elementos fundamentales de su relación con personas de todas partes, convirtiéndola más que en una monarca, en una presencia muy apreciada en la vida de muchos.

En cuanto a su aspecto personal, con el paso de los años, la Reina Isabel evolucionó hacia un estilo propio caracterizado por colores brillantes y sombreros a juego, una elección pragmática que garantizaba su visibilidad entre la multitud. Su estilo se convirtió en un ícono que influenció tendencias y destacó en exposiciones, demostrando su impacto en el mundo de la moda.

A medida que la batuta pasa a una nueva generación, la historia del reinado de la Reina Isabel II seguirá inspirando y guiando, como testimonio de la perdurable relevancia de la monarquía, de su capacidad de adaptación y de su inquebrantable vínculo con las personas a las que presta servicio. Los capítulos en vida pueden haber concluido, pero el relato de su impacto, su dedicación y amor por su nación y pueblo continuará contándose, resonando como un legado inmortal de una monarca que, con gracia y fortaleza, dedicó la vida a su país y a su gente.

En el silencio posterior a su reinado, mientras la nación y el mundo reflexionan, se hace evidente que la historia de la Reina Isabel II no fue solo la de la corona que llevó, sino la de las vidas que tocó, la estabilidad que proporcionó y la gentil fortaleza con la que se desenvolvió. Su legado, una mezcla de pasado y presente, seguirá iluminando el camino hacia el futuro, una estrella que guiará a las generaciones venideras.

Datos curiosos sobre la vida personal y pública

1. De niña, la Princesa Isabel recibió tres toneladas de juguetes de funcionarios extranjeros durante la gira de sus padres. Estos regalos se donaron generosamente a hospitales y orfanatos.

2. Las mañanas de la Reina comenzaban a las 7:30 de la mañana, escuchando debates en la radio. Sus baños se medían meticulosamente para que su bañera tuviera siete pulgadas (aproximadamente 17,8 centímetros) de profundidad y 62 grados Fahrenheit (unos 16,7 grados Celsius).

3. En el día de su boda, a Isabel se le rompió la tiara, pero el problema se resolvió rápidamente ya que tenía otras tiaras para elegir. Además, Isabel podía escuchar los comentarios

en directo de la BBC sobre su cortejo nupcial a través de los altavoces instalados en su carruaje.

4. Entre sus regalos de boda recibió una cubrebandeja de encaje hilado a mano de Mahatma Gandhi, que la Reina Mary pensó erróneamente que era su dhoti (una prenda india para la parte inferior del cuerpo que suelen llevar los hombres indios y del sur de Asia).

5. A la Reina no le gustaban las barbas ni los bigotes, e insistía en que el príncipe Felipe se afeitara el suyo al terminar una gira naval.

6. Para no tener que ir al baño durante las casi tres horas que duró la ceremonia de coronación, Isabel comió huevos cocidos de antemano. A los coristas se les dio pan con mantequilla de maní y Marmite por la misma razón.

7. El día de la coronación, la Reina y el Duque de Edimburgo fueron trasladados en carroza desde el Palacio de Buckingham hasta la Abadía de Westminster en el Gold State Coach, tirada por ocho Caballos grises: Cunningham, Tovey, Noah, Tedder, Eisenhower, Snow White, Tipperary y McCreery.

8. El ramo de la coronación fue hecho con flores blancas: orquídeas y lirios de los valles de Inglaterra, stephanotis de Escocia, orquídeas de Gales y claveles de Irlanda del Norte y la Isla de Man.

9. Desde su ascenso al trono, la Reina se puso el vestido de la coronación seis veces, incluyendo durante la Apertura del Parlamento en Nueva Zelanda y Australia en 1954.

10. El desayuno de Isabel solía incluir tostadas con una fina capa de mantequilla, cereal almacenado en un recipiente Tupperware amarillo y té Darjeeling.

11. La lechería de la familia real suministraba leche en botellas marcadas con la sigla real E11R.

12. La imagen de la Reina figuró en más de 300 mil millones de sellos postales durante su reinado.

13. La Reina tenía preferencias alimentarias específicas, le gustaba el chocolate negro pero evitaba el ajo. Planificaba meticulosamente sus comidas y prefería que las verduras tuvieran un tamaño uniforme.

14. Tras descubrir su amor por los arenques (un plato a base de pescado) durante la guerra, la Reina aprendió a prepararlos ella misma.

15. Isabel tuvo más de treinta corgis a lo largo de su vida, empezando por Susan. La raza "Dorgi" se creó sin querer cuando uno de sus corgis se apareó con el perro salchicha de la Princesa Margarita. Asimismo, el amor de Isabel por sus perros era tan grande que un lacayo fue degradado por dar whisky a los corgis de la Reina.

16. El personal del palacio siempre estaba dispuesto a limpiar lo que ensuciaban las mascotas, discutiendo los desafíos del cuidado de las mismas mientras tomaban el té con la Reina.

17. La Reina escribió personalmente placas para sus corgis fallecidos, enterrándolos en un cementerio especial en Sandringham.

18. Isabel crió labradores negros y participó como juez en las pruebas del Kennel Club Retriever.

19. El amor de la Reina por los animales influyó en su decisión de sustituir un retrato de la Reina Victoria por un cuadro de un perro en el Castillo de Windsor.

20. Por decreto histórico, la Reina era propietaria de todos los cisnes no marcados en aguas abiertas y de los "peces reales" en aguas del Reino Unido. Ella misma supervisaba el recuento anual de la población de cisnes.

21. Después de disfrutar de las tortitas escocesas en Balmoral, el Presidente Eisenhower recibió la receta directamente de la Reina.

22. La Reina disfrutaba armar rompecabezas difíciles, un pasatiempo presente en todas sus residencias.

23. La Reina solía cabalgar por el hipódromo de Ascot a primera hora de la mañana, antes de que comenzaran las carreras oficiales.

24. La Reina siempre tenía zanahorias a la mano como recompensa para sus caballos.

25. La Reina desempeñó un papel clave para salvar de la extinción a la raza de caballos Cleveland Bay en los años sesenta.

26. En 1962, la Reina asesoró al Presidente Kennedy sobre el manejo del nuevo caballo de Jackie.

27. Isabel sólo llevaba dinero en efectivo los domingos para hacer donaciones a la iglesia.

28. Después de que se revelara que la Reina guardaba los cereales de su desayuno en recipientes Tupperware, las ventas del producto aumentaron espectacularmente.

29. Durante su visita a Londres tras la misión Apolo 11, los astronautas Neil Armstrong, Buzz Aldrin y Michael Collins conocieron a la Reina Isabel II. Curiosamente, le regalaron un pequeño trozo de roca lunar traída de su histórico viaje a la Luna.

30. La Reina disfrutaba imitando acentos y personalidades, incluidos los de Margaret Thatcher y Boris Yeltsin.

31. Durante una visita a Canadá en 1964, una flor, con raíces y barro, golpeó accidentalmente a la Reina cuando se les pidió a los niños que lanzaran flores a su coche.

32. En 1981, la Reina concedió la Cruz de Jorge al guardaespaldas Jim Beaton por su valentía al frustrar un intento de secuestro en 1974. Durante la ceremonia, compartió un tierno momento con la hija de Beaton.

33. Isabel bailó con el Presidente Ford la canción "The Lady Is A Tramp" durante una visita a la Casa Blanca en 1976, un acontecimiento eclipsado por la presencia de Elizabeth Taylor al día siguiente.

34. En 1979, Sir Cliff Richard y un coro participaron en un acto en el Palacio de Buckingham con motivo del Año Internacional del Niño. El humo de las antorchas causó desorden, pero la Reina asumió con humor la responsabilidad de intentar disipar el humo.

35. Durante un paseo con el presidente Reagan, la Reina lo salvó de un posible aprieto al agarrar las riendas de su caballo cuando él estaba distraído.

36. El Presidente Reagan le regaló a la Reina una computadora durante su visita en 1981, la cual ella utilizó para sus intereses en las carreras de caballos.

37. La Reina prefería el tono "Ballet Slippers", un color rosa pálido de esmalte de uñas de la marca Essie.

38. En 1991, un percance con el podio durante un discurso en la Casa Blanca hizo que solo fueran visibles las gafas y la parte superior de la cabeza de la Reina.

39. Como jefa de Estado, la Reina no necesitaba pasaporte ni carné de conducir. Todos los pasaportes del Reino Unido se expiden con el nombre del monarca. En consecuencia, la Reina Isabel no necesitaba un pasaporte emitido por ella misma para viajar.

40. Isabel disfrutaba tomar un cóctel a base de ginebra y Dubonnet con hielo y una rodaja de limón y, ocasionalmente, optaba por un vino blanco alemán dulce en su lugar.

41. La Reina utilizaba su bolso para comunicarse discretamente con su personal; dependiendo de dónde lo pusiera, en la mesa o en el suelo, tenía significados concretos. Si la Reina colocaba su bolso sobre la mesa durante la cena, indicaba que quería que el acto terminara en los cinco minutos siguientes. Si lo colocaba en el suelo, indicaba que no estaba disfrutando de la conversación y quería ser rescatada por su dama de compañía.

42. Una "bolsa marrón" con artículos esenciales como calcetines gruesos y guantes limpios acompañaba a la Reina en todos sus viajes.

43. Durante un encuentro en 2005 con Eric Clapton en el Palacio de Buckingham, la Reina le preguntó por la duración de su carrera musical.

44. Durante una visita de Estado, una barrera lingüística provocó un gracioso malentendido en torno al comentario de Madame de Gaulle sobre la jubilación, el cual fue rápidamente aclarado por la Reina.

45. El Presidente George W. Bush añadió por error 200 años a la edad de la Reina durante su visita a Washington DC en 2007, lo que provocó que ella hiciera referencia humorísticamente al error en un discurso posterior. Más tarde, Michelle Obama rompió involuntariamente el

protocolo tocando a la Reina en 2011, pero la Reina respondió cálidamente, correspondiendo sutilmente el gesto.

46. Los artistas encontraban a la Reina difícil de pintar, ya que rara vez se quedaba quieta durante las sesiones de retrato.

47. La aversión de la Reina por el derroche la llevó a donar discretamente trajes de segunda mano y a usar algunas de sus prendas durante muchos años.

48. La Reina tuvo una exitosa afición por las carreras de palomas, heredando de su padre el palomar real.

¡Gracias por leer este libro!

¿Te ha gustado? ¡Comparte tus impresiones conmigo y con nuestra comunidad de lectores! No olvides dejar una reseña en la plataforma donde lo adquiriste. Tu opinión es invaluable e importante para mí. ¡Muchas gracias!

- Scott Matthews

www.ingramcontent.com/pod-product-compliance
Lightning Source LLC
Chambersburg PA
CBHW072103110526
44590CB00018B/3290